프란츠 파농
새로운 인간

Frantz Fanon

프란츠 파농
새로운 인간

프라모드 K. 네이어 지음 | 하상복 옮김

앨피

이 번역서는 2007년 정부(교육과학기술부)의 재원으로
한국연구재단의 지원을 받아 수행된 연구임(NRF-2007-361-AM0059)

"유럽을 떠나라"
새로운 인간, 새로운 휴머니즘의 출현을 소망하는 외침!

1

1961년 12월 6일, 파농은 생전에 그렇게 혐오했던 미국에서 생을 마감했다. 짧은 생애 동안 파농은 새로운 인간의 도래를 소망하며 '대지의 저주받은 사람들'에게 열정적으로 헌신했다. 정신의학자이자 정치사상가, 알제리 해방 전사로 살았던 그는, 죽음을 목전에 두고서도 비非인간, 하위 인간, 심지어 사물로 취급당한 억압받는 사람들과 이들을 억압한 유럽인들을 진정한 인간으로 해방시키고자 노력했다. 그의 궁극적인 소망은, 서로의 고통을 공유하고 연대하는 새로운 인간의 출현이었다.

새로운 인간의 출현을 앞당기려면 우리가 무엇을 해야 하는가. 파농은 유색인들에게 "유럽을 떠나라"(Les Damnés : 235)고 했다. 유럽인이 만든 인간, 그 인간을 규정하는 구조와 메커니즘을 부단히 비판적으로 성찰해야 한다는 조언이다. 이 질타와 충고는 그가 열망하는 새로운 인간과 인간성, 그리고 모든 인간이 상호 인정하고 소통하는 새로운 세계의 실현을 위한 고민에서 나온 것이다. 그래서 파농은 "유럽을 위해, 우리 자신들을 위해"(Les Damnés : 239) 새로운 개념과 새로운 인간을 도모해야 한다고 진정으로 권유했다. 가해자인 유럽인과 피해자인 유색인 모두, 모든 인간을 위해 부단한 성찰과 실천을 해야 한다고 말이다.

이제 파농이 그토록 소멸시키고자 한 직접적인 식민 체제는 없다. 그러나 파농이 목격한 그리고 극복하고자 한 인간의 고통, 식민 체제 하의 인간들이 경험한 폭력과 억압, 차별과 배제의 처참한 현실은 그의 헌신과 처절한 외침에도 아직 끝나지 않고 있다. 아프리카와 아시아의 빈민가에서 쓰레기를 뒤지며 삶을 연명하고 있는 수많은 아이들이, 세계 곳곳에서 세계의 하인으로 불평등한 가사 노동에 종사하고 있는 수많은 제3세계 여성들이, 그리고 현대판 노예로서 정당한 대우를 받지 못한 채 인종과 계급의 이중적 차별을 받으며 저임금의 굴레에서 벗어나지 못하고 있는 수많은 제3세계의 이주노동자들과 이주민들이 이를 증명한다. 그리고 세계 전역에서 외국인혐오주의라는 유령이 타자의 인종, 민족, 종교, 정치적 입장을 '악'으로, '적'으로 낙인찍으며 폭력을 부추기고 있는 살벌한 현실이 이를 입증해 준다.

일찍이 파농이 예견했듯이, 인간이 다른 인간을 존중하고 인정하지 않을 경우 또 다른 식민화와 비인간화가 반복되고 악화될 것이라는 경고가 현실이 되고 있는 상황에서 파농의 실천적 사유는 과거의 유물이 아닌, 부활해야 할 그리고 확대되어야 할 귀중한 자원일 수밖에 없다. 그래서 오늘날 파농의 사유는 수많은 제3세계 국가가 보이는 인종적·종족적 이분법으로의 끔찍한 회귀와 외국인혐오적 폭력, 또 다른 종속을 의미하는 신식민 체제와 민족 엘리트의 타락을 비판하는 진정한 탈식민 사상으로 다시 소환되고 있다. 그리고 그의 사유는 세계화, 신자유주의라는 이름으로 제3세계 어린이, 여성, 가난한 자에게 고통을 강제하는 참혹한 현실의 문제를 진단하고 공감하며 그 극복을 위해 연대를 촉구하는 실천적 이론으로 다시 호명되고 있다.

2

이 책도 이러한 노력과 소망, 그리고 불안한 예견이 파농의 글 속에 어떻게 구현되고 있는지를 설명한다. 이 책은 또한 파농이 우리에게 남긴 유산을 확인하고, 그가 우리에게 권고하는 메시지를 전달한다. 이 책에서도 기술하고 있듯이, 파농이 남긴 최대의 유산은 새로운 인간의 출현을 모색하는 새로운 휴머니즘에 대한 성찰이다. 새로운 휴머니즘은 파농의 저서들을 관통하는 핵심 주제이다. 유럽, 식민주의, 인종주의, 제국주의, 자본주의, 민족주의 등에 대한 그의 비판이 종국적으로 지향하는 방향이 바로 새로운 휴머니즘이다. 이 책도 파농의 삶과 지적 영향(1장, 2장)을 간단하게 소개한 후, 파농을 읽는 네 단계를 제시하며 새로운 인간, 새로운 휴머니즘을 강조하는 파농 사상의 핵심을 설명한다.

이 책이 제시하는 파농을 읽는 1단계는 식민 지배가 원주민의 자아의식, 문화 정체성, 의식을 무력화시키는 조건에 대한 탐색이며, 2단계는 피식민지인이 자아의식으로 회귀하는 과정에 대한 이해이다. 이 두 단계에서 우리는 유색인의 열등콤플렉스, 종속콤플렉스, 정신질환, 성과 젠더 등을 중심으로 파농과 만나게 된다.(3장, 4장) 파농은 식민지에서 흑인이 겪는 콤플렉스와 정신질환은 '자연스러운 것'이 아니라, 식민적 사회화, 물질적 조건(착취, 억압, 폭력)과 세뇌의 결과임을 주장한다. 그리고 식민 사회에서 성적 위계가 인종 위계와 단절될 수 없기 때문에 성도착과 폭력이 식민 조건에 내재한다고 분석한다. 나아가 베일의 다층적 의미를 살펴보고 반식민 투쟁에서 여성의 역할을 검토한다.

3단계는 논란이 많은 파농의 폭력론이다. 파농에게 폭력은 최종 목표가 아니다. 폭력은 식민 지배로 상실되고 왜곡된 피식민지인의 자아의 재구성과 복원으로 나아가는 수단이자 일시적 단계로 간주된다.(5장, 6장) 파농은 두 가지 폭력, 다시 말해 반식민 투쟁의 폭력으로 '수단이 되는 폭력'과 피식민지인의 자아실현과 주체성의 회복이 달성되는 '절대적 폭력'으로 구분하여 언급한다. 파농은 절대적 폭력이라는 논의를 통해 단순히 식민 지배자를 추방하는 차원을 넘어서는 정신의 탈식민화, 새로운 정체성과 휴머니즘의 가능성을 모색한다.

4단계는 탈식민화 과정과 반식민 투쟁 시기에 강조되는 민족, 문화민족주의, 민족문화, 네그리튀드 등과 같은 개념과 견해를 설명하고 비판하는 과정이다.(7장, 8장) 반식민 투쟁과 탈식민화에서 이른바 네그리튀드와 문화민족주의는 중요하다. 그러나 동시에 단일적인 민족문화가 가져올 위험도 경계해야 한다. 파농은 민족이라는 이름으로 추진되는 문화 순수성 혹은 단일한 정체성의 강조에 내재된 잠재적 위험을 인식한다. 그는 문화 순수성을 보존하기 위해 외국인혐오가 야기하는 집단 학살과 종족 학살, 타자의 추방을 경고한다.

파농은 이러한 단계들을 경유하며 인종적·민족적 이분법을 초월하는 새로운 휴머니즘으로 나아간다. 이 책은 이 네 단계를 거쳐 제9장 새로운 휴머니즘의 도래를 소망하는 파농의 성찰을 제시한다. 이 지점에서 우리는 인정의 윤리, 집단적 윤리, 보편주의에 대한 파농의 새로운 시각을 이해하며 그가 전망하는 새로운 휴머니즘이 무엇인지를 알 수 있다. 새로운 휴머니즘은 서로 간의 차이를 존중하며 "타자를 만지고 타자를 느끼고 서로를 알고자 하는"(Peau noire : 181) 상호 간의 진정한 소통과 상호 인정에서 출발한다. 그 토대는 인종적·지리적·민족적 경계 혹은 정체성을 넘어서서 타자의 고통에 공감하고 대응하는 것이다. 인종 정체성 혹은 민족 정체성에 상관없이 고통 받는 타자와 함께 연대하고 대응하는 것이 바로 파농의 새로운 휴머니즘이다.

상호 인정, 상호 소통, 공감과 연대. 오늘날 인간에 대한 인간의 존중이 부재할 때 도래하는 비극을 목격하면서, 파농이 주장한 새로운 휴머니즘에 담긴 사유가 지닌 힘을 다시금 생각하게 된다. 파농은 우리에게 '인간'을 위해 부단히 고민하고 책임지고 추진해야 할 사명이 무엇인지를 말해 주고 있다. 파농의 원대한 소망과 그 소망이 그려 내는 새로운 인간들이 공존하는 거대한 세계가 과연 이 세계에 출현할 것인가? 파농은 이미 그 답을 제시했다. '대지의 저주받은 사람들'과의 공감과 연대, 그리고 끔찍한 현실을 바꾸려는 결단이 필요하다고.

모든 것은 나의 능력 부족이다. 잘못된 내용에 대한 독자의 질정을 기대하며, 처음 파농 관련 책을 번역했을 때 가졌던 마음으로 돌아가 또 다른 파농을 만나러 다시 어렵지만 즐거운 길을 떠나고자 한다.

2015년 8월
옮긴이

Frantz Fanon

Frantz Fanon

왜
파농인가?

Frantz Fanon

■ **일러두기**

본문에 인용된 파농 저작의 약어 표기는 다음과 같다. 더 자세한 서지 사항은 책 뒤 〈파농의 모든 것〉 참조. 단, 본문 괄호 안에 표기된 쪽수는 이 책의 원서대로 영어 번역본 쪽수임. 관련된 다른 사상가들의 저작은 〈참고문헌〉 참조.

Peau noire *Peau noire, masques blancs* (1952) (검은 피부, 하얀 가면)
　　영어 번역본 *Black Skin, White Masks* ([1956] 2008) (trans. Charles Lam Markmann), London ：Pluto (reprint of the 1986 edition).
Algérienne *L'An V de la Révolution Algérienne* (1959) (알제리 혁명 5년)
　　영어 번역본 *A Dying Colonialism* ([1965] 1970) (trans. Haakon Chevalier), Harmondsworth ：Penguin.
Les Damnés *Les Damnés de la Terre* (1961) (대지의 저주받은 사람들)
　　영어 번역본 *The Wretched of the Earth* (2004) (trans. Richard Philcox), New York ：Grove Press.
Africaine *Pour la Révolution Africaine* (1964) (아프리카 혁명을 위하여)
　　영어 번역본 *Toward the African Revolution* (1967) (trans. Haakon Chevalier), New York：Grove.

원어 표기 인명이나 지명은 외래어 표기용례를 따랐다. 단, 널리 알려진 이름이나 표기가 굳어진 명칭은 그대로 사용했다. 본문에서 주요 인물(생몰연대)이나 도서, 영화 등의 원어명은 맨 처음, 주요하게 언급될 때 병기했다.

출처 표시 주요 인용구 뒤에는 괄호를 두어 간략한 출처를 표시했다. 상세한 서지 사항은 책 뒤 〈참고문헌〉 참조.

도서 제목 도서 제목 본문에 나오는 도서 제목은 원 제목을 번역 표기하는 것을 원칙으로 하되, 국내에 번역 출간된 도서는 그 제목을 따랐다.

옮긴이 주 옮긴이 주는 (—옮긴이)로 표기했다. 단, 본문 안에 들어가는 사전적 설명은 〔 〕로 처리했다.

| 흑인성의 '발견' |

프랑스 남동부 리옹 거리의 한 흑인 남자. 엄마와 함께 있던 백
인 소년이 흑인 옆을 지나가며 소리친다. "엄마, 깜둥이예요! 무
서워요!"

　《검은 피부, 하얀 가면Peau noire, masques blancs》(1952)에 나오
는, 사람들이 피부색의 본질과 영향을 어떻게 '발견discovery'하
는지를 파농이 설명하며 제시한 유명한 이야기다.(84)

　전혀 다른 텍스트로 이야기를 바꾸어 보자. 한 흑인이 런던
에서 거처를 찾고 있다. 그런데 이 흑인은 장차 집주인이 될 사
람과 통화를 하며 자신이 그저 '아프리카인'에 불과하다는 점을
확인하게 된다. 다음과 같은 표현은 분명히 부적절해 보인다.

　"얼마나 검은지요? 당신의 피부는 진짜 검은가요 아니면 아
주 옅은 검은색인가요?" 흑인은 자신의 피부색을 자세히 설명
해야만 한다. "서아프리카계 적갈색입니다."

흑인은 검은색의 정도 차이라는 관점에서 자신의 신체를 해부하기 시작한다.

"얼굴은 흑갈색이지만, 손바닥과 발바닥은 과산화수소로 탈색된 듯한 혈색 좋은 흰색입니다."

그러나 결국 자신의 본바탕이 칠흑 같은 검은색임을 변명하듯이 인정한다.

이것은 월레 소잉카Wole Soyinka의 탁월한 풍자시 〈전화 통화 Telephone Conversation〉의 내용이다.(1986년 아프리카인 최초로 노벨문학상을 수상한 나이지리아 시인 소잉카가 영국에 체류했을 때 경험한 인종차별을 풍자한 시—옮긴이)

인용된 두 사례를 연결하는 것은 대화와 발화 장소로서의 '검은'색이다. 파농은 《검은 피부, 하얀 가면》에서 혹시 흑인이 괴물로 간주되고 있는 것이 아닐까 궁금해 한다.(마찬가지로 소잉카도 장래의 집주인이 궁금해 하는 바를 넌지시 말해 준다.)

"잘생긴 어린 소년은 깜둥이가 분노에 치를 떨고 있다고 생각하기 때문에 두려워한다. 어린 백인 소년은 엄마의 품속에 뛰어들며 말한다. 엄마, 깜둥이가 저를 잡아먹으려고 해요."(86)

이 두 개의 사례는 또한 백인의 흑인 신체 인식에 기반한, 흑인 **자신**의 자기 신체에 대한 강요된 평가의 기록이기도 하다. 흑인의 신체를 부위별로 나누는 소잉카의 상징적 절단과 자기 피부색에 대한 파농의 고양된 의식은 이러한 백인의 신체 인식에서, 그리고 이러한 신체에 대한 백인의 요구에서 비롯된다. 두 가지 경우 모두에서 '검은색'은 색소 그 이상을 의미한다. 검은색은 매우 문제가 되는 유일한 정체성, 즉 **흑인**이라는 정체성을 의미한다. 파농은 자신의 흑인성blackness에 대한 '발견' 이후, 자신이 어떻게 치열하게 식인 풍습이며 북소리 같은 '아프리카성Africanness'의 다른 표지들을 알게 되었는지를 밝힌다. 파농이 말하듯이, 흑인은 아프리카 원시주의와 야만성의 전 역사를 상기시키고 그 정수를 끌어내는 존재이다.

| 파농 사상의 특수성과 보편성 |

앞서 소개한 파농의 첫 번째 '이야기'는 시작 시기를 나타낸다. 즉, 파농이 인종, 인종 만남, 민족 정체성과 식민주의 심리학을 문화적으로 분석하기 시작한 시기를 보여 준다. 두 번째 이야기는 파농이 증명한 동일한 '흑인성의 발견'이라는 주제가 문학적으로 어떻게 표명되는지를 보여 준다. 파농과 소잉카 모두에게 검은색은 인종 표지 그 이상이다. 검은색은 흑인이 세계와의 어떠한 만남에서도 내면화시켜야만 하는 내러티브narrative이다. 흑인종, 갈색 인종, 황인종, 그리고 다른 유색인종들과 세계와의 이러한 만남은 오늘날 학술 연구와 문화 연구 전 영역에서 다루어지는 주제이다. 이러한 만남이 바로 포스트식민postcolonial 연구의 주제이다.(이 책에서는 'postcolonial'과 'postcolonialism'을 각각 '포스트식민'과 '포스트식민주의'로 번역한다. '탈식민'과 '탈식민주의'로 번역할 경우, 파농 논의에 등장하는

'decolonization', 'decolonialism'의 정치적 입장과 구분되지 않기 때문이다.—옮긴이)

포스트식민 연구는 식민적·포스트식민적 맥락, 문화 실천(문학에서 음악까지), 정체성 문제, 민족·젠더 문제, 경제와 지정학, 개인 혹은 개별 심리학과 집단 심리학의 인종 역학에 관여한다. 인종, 민족주의, 문화 정체성 등 포스트식민주의의 수많은 관심사들은 이 책이 다룰 주제에 예시되어 있다. 즉, 마르티니크Martinique(카리브 해 남동부의 프랑스령 섬)에서 태어나 프랑스에서 교육받은 알제리 해방 전사이자 정신의학자 겸 정치사상가 프란츠 파농Frantz Fanon(1925~1961)의 저서에 이 관심사들이 결정적인 방식으로 그리고 이 분야를 규정하는 방식으로 예시되어 있다.

네 권의 대표 저서인 《대지의 저주받은 사람들Les Damnés de la Terre》, 《아프리카 혁명을 위하여Pour la Révolution Africaine》, 《알

포스트식민주의postcolonialism
포스트식민주의는 문학 및 문화 텍스트에 대한 이론적 연구이다. 이 연구는 아시아, 아프리카, 남아메리카에서 벌어진 식민 통치의 본질, 그리고 식민 지배에 대한 원주민의 저항, 포스트식민(예를 들어, 정치적 독립 이후) 조건에 관심을 둔다. 포스트식민주의는 식민적 텍스트, 식민 지배의 도구(법, 문학, 교육, 종교), 식민적 지식의 형태(인류학, 통계조사, 지형학), 식민 통치와 탈식민화decolonization 과정의 심리적 결과들(이 경우 탈식민화는 정치적 독립뿐만 아니라 피식민지인이 식민적 혹은 유럽적 사고방식에서 해방되는 과정을 의미)에서 원주민이 재현된 방식을 고찰한다.

제리 혁명 5년L'An V de la Révolution Algérienne》, 《검은 피부, 하얀 가면》에서 파농은 모든 포스트식민 사상의 중심이 된 핵심적인 주제들을 다루었다. 파농의 주요 관심사를 간단히 요약하면 다음과 같다.

- 식민 억압의 (정치적, 사회적, 경제적, 문화적) 조건들
- 피식민지인the colonized과 식민 지배자the colonizer의 심리학
- 반反식민 투쟁의 과정
- 복잡한 탈식민화 과정
- 문화민족주의의 내적 역학과 갈등
- 식민주의의 역사, 유럽 휴머니즘, 반식민 투쟁, 그리고 이 모든 것에 대한 포스트식민적 성찰들에서 도출된 새로운 휴머니즘 new humanism의 가능성

그렇다면 왜 파농인가? 두 가지 중요한 이유를 생각할 수 있다. 첫째, 파농은 식민주의의 문화적 결과들을 연구했고, 심리학·정신의학, 문화 실천과 민족운동 등의 분야에서 인종 역학을 다루었으며, 포스트식민(다시 말해, 독립 이후) 사회를 숙고한 가장 초기의 포스트식민 사상가 중 한 명이기 때문이다. 두 번째, 파농은 오로지 식민주의 경험에서 도출된 새로운 휴머니즘을 제시했기 때문이다. 이는 이 책이 제시하는 주제이기도 하다. 파농이 말한 새로운 휴머니즘은 유럽의 휴머니즘과는 다른 포스트식민적 휴머니즘이다.('humanism'은 '인본주의', '인간주의', '휴

머니즘'으로 번역된다. 개인적으로는 '인간주의'를 선호하나, 이 책에서는 일반적으로 사용하는 휴머니즘으로 번역한다.—옮긴이)

파농은 포스트식민적 실천주의, 포스트 식민적 사고와 이론의 초창기 모습을 보여 준다. 그의 저서들은 반식민 투쟁의 지역 조건들에 깊이 뿌리내리고 있지만, 다른 인종적·식민적 상황들을 이해하는 데 필요한 휴머니즘적 체계를 제공한다.

파농은 알제리민족해방전선Algerian National Liberation Front(FLN)의 활동가이자 한때 이 단체의 대사로서 활동하는 등 알제리 반식민 투쟁이라는 지역정신에 기반한 사상가였지만, 그의 사상은 아프리카와 아시아 등 억압받는 다른 지역 사람들의 유사한 투쟁에 영향을 미쳤다. 파농 사상의 타당성과 가능성은 인류학, 문학 및 문화 연구, 페미니즘 연구, 의료사회학 등 다양한 학문 분야에서 음으로 양으로 인정받아 왔다. 그리고 영화와 미디어 연구, 문학 텍스트 분석에도 그 사상이 '적용'되면서 상당히 많은 성과들을 양산했다.

이 책은 파농을 **포스트식민적 휴머니스트**postcolonial humanist로 제시한다. 그 구체적인 내용은 다음과 같다.

- 폭력에 대한 강조에도 불구하고, 탈식민화와 인종 관계, 피식민지인의 정신질환을 다룬 파농의 저서는 휴머니즘이라는 최우선 관심사와 연결되어 있다.
- 비록 파농은 특정한 역사적·문화적·지리적 장소라는 맥락(처음에는 마르티니크 섬, 나중에는 프랑스의 식민 지배를 받는 알제리)

에서 발언했으나, 그의 주장은 이런 맥락에만 한정되지 않는다.

- 파농은 문화민족주의와 토착 문화를 강조했지만, 최종적으로는 토착적인 것과 민족적인 것을 넘어 보편적인 것으로 나아가야 한다고 주장했다.

파농의 새로운 휴머니즘은 (앞으로 파악하겠지만, 인종적 사고방식에 고착된) 유럽 모델에서 벗어난, 좀 더 포괄적인 휴머니즘이란 점에서 명백히 포스트식민적 휴머니즘이다.

민족의식이 지닌 위험에 대한 파농의 성찰은 1) 인종 정체성(흑인 대 백인)에 대한 이분법적 사고의 한계를 이해하고, 2) 반식민 투쟁을 가능하게 하는 민족의식 자체를 비판적으로 연구하는 **자아 성찰적 포스트식민 사상가**a self-reflexive postcolonial의 특징을 보인다. 즉, 파농의 포스트식민적 휴머니즘은 자칫 반휴머니스트를 낳을 수 있는, 민족의식 내에 존재하는 외국인혐오xenophobia의 가능성을 인정하는 것에서 시작된다. 과거 피식민을 경험한 이전의 피식민지인들에게 식민주의의 인종적 이분법뿐만 아니라 포스트식민 국가들 내부의 외국인혐오적 문화민족주의를 해체하라고 요구하면서 파농의 새로운 휴머니즘은 출발하는 것이다.

파농처럼 복잡한 사상가는 어떻게 연구해야 하는가? 그의 저서와 관심사는 정신분석, 식민 담론, 사회-경제적 분석, 민족주의, 문화비평, 마르크스 사상, 정신질환 치료, 정체성 철학과 아프리카 문화 등 다양한 분야에 걸쳐 있다. (일각에선 과장되었다고 말할지 모르지만) 그의 극적인 서사 방식과 파편화된 스타일은 분류를 거부하는 의도적인 전략이라고 얘기되지만, 파농의 저서를 보면 비록 체계적인 사상가는 아니지만 박식하고 영향력 있는 사상가라는 인상을 준다.

정신분석적인 《검은 피부, 하얀 가면》부터 좀 더 정치적인 《대지의 저주받은 사람들》에 이르기까지, 파농은 이해하기 쉽기도 하고 어렵기도 한 것처럼 보인다. 따라서 하나의 파농은 없으며, 그에 대해 간결한 하나의 동일한 관점을 제공하려는 시도 역시 반드시 실패할 수밖에 없다. 이 같은 실패를 피하고자, 이 책은 파농의 **특이성과 역사적 특수성**(마르티니크 섬과 알제리 해방투쟁, 아프리카 민족주의) 그리고 그의 **보편성**을 인정한다.

이 책에서 이해하고 논의한 것처럼, 파농은 자신이 존재했던 시공간, 즉 마르티니크 섬, 알제리, 프랑스, 혁명과 전쟁 중인 유럽에 살았던 사람이다. 그러나 이 책은 파농을 파농이 살았던 시대의 산물로만 간주하는 것도 거부한다. 왜냐하면 이 책은 파농이 개조하고, 완전히 이해하고, 전파한 것이 단지 그의 직접적 배경에서만 나온 생각과 개념이 아니라는 주장, 즉 신념임을 강하게 전달하기 때문이다. (이후 그의 저서가 상세하게 보여주듯이) 파농의 성찰이 유럽 휴머니즘을 대체하고자 한 좀 더 포괄적인 휴머니즘으로 진전된 것처럼, 그의 비판들은 알제리를 넘어선 더 폭넓은 참여에서 비롯되었다. 이 같은 파농의 휴머니즘은 (위장된 형태이기는 하지만) 전통적인 유럽 휴머니즘이 옹호했던 인종 관계, 인종 정체성과 배타적 신념들에 대해 (포스트식민적) 관심사가 주도한 보편주의와 유사하다. 이것이 파농의 특이성이자 보편성이다. 즉, 그는 그가 프랑스 지배 하의 알제리와 유럽에서 몸소 체험한 인종 이해를 넘어, 민족과 문화를 가로질러 작동하는 더 포용적이고 온정적인 휴머니즘으로 나아간 것이다.

이와 관련하여 마르티니크 사상가로서 파농이 지닌 특수성을 무시하면서 그를 전지구적 포스트식민 이론가로 전유하는 것이 타당한가 하는 논쟁들은 중요한 의미가 있다.(Henry Louis Gates, Jr, 1991 ; David Macey, 2000 : 26-8) 다른 이들은 파농의 사상이 다양한 인종 기원과 국적을 가진 비평가들에게 받아들여졌고, 그래서 전지구적 타당성을 보여 주고 있음에 주목한다.(Rabaka 2009 : 221 ; Bulhan 1985, Gordon 1995, Boehmer 2006(1995) : 175)

베니타 패리Benita Parry가 간결하게 이야기한 것처럼, 파농이 '문화민족주의와 초민족성transnationality 사이의 긴장'을 해결하지 못했을 수도 있다. 그러나 외국인혐오적 문화민족주의와 전지구화되고 있는 초민족주의 사이의 이러한 긴장은 파농을 더욱 생산적으로 만든다. 왜냐하면 포스트식민 국가들이 새로운 휴머니즘을 위해 취해야 할 방식들을 우리가 사고하는 데 도움을 주기 때문이다.

어떤 사상가의 역사적 특수성을 삭제하는 것은 그(녀)에게 영감을 준 순간들, 즉 사회경제적 조건과 지적 맥락을 무시하는 것이다. 파농은 수많은 지적 전통, 즉 모범적이고 독창적인 저작들을 생산한 정신분석학과 마르크스주의, (에이메 세자르의)

일종의 반식민적 사유와 함께 작업을 했다. 경험과 맥락의 공통분모, 즉 식민주의, 탈식민화 혹은 포스트식민성과 같은 공통분모가 문화와 지역을 가로질러 존재할 때, 혹독한 시련을 받은 특수한 맥락에서 구축된 하나의 사상은 작동할 수 없다고 하는 것은 수용되는 맥락들 안에서 재형성되고 개조되고(반드시 완전하게 채택되지는 않지만) 재작성되는 사상들의 힘을 부정하는 것이다. 파농의 전유는 무비판적인 것이 아니다. 오히려 그 반대이다. 이러한 예 중 하나가 호미 바바Homi Bhabha이다. 그는 포스트구조주의적poststructuralist 체계를 통해 파농을 연구한다.

그러나 이것이 포스트구조주의적 체계 내에서는 파농이 쓸모가 없다는 의미는 아니다. 실제로 많은 비평가들은 포스트구조주의 혹은 포스트모더니즘과 같은 지적 시기들이 역사적 조건들과 '관련'된다는 점을 공들여서 언급했다.(1950년대 알제리 사건과 1968년 파리 학생봉기의 관련성을 포스트구조주의적으로 논의한 것은 로버트 영Robert Young의 1990년 저서 119~25쪽, 포스트모더니즘을 홀로코스트의 공포에 대한 반응으로 분석한 내용은 로버트 이글스톤Robert Eagelstone의 2004년 저서 참조) 그러므로 우리는 특수한 호소와 보편적 호소가 동시에 존재할 수 있음을 인정해야 한다.

이 장은 주로 파농을 1) 포스트식민 사상가, 2) 주체성 이론가, 3) 휴머니스트humanist로 위치시키며 전개된다.

| 포스트식민 사상가 |

파농을 포스트식민 이론가로 분류하는 것은 그의 연구를 심리학과 정신의학으로 주변화시킬 위험이 있다. 그러나 파농에게 이런 '낙인을 찍는 것'은 그가 그 영역에서 벌인 대부분의 연구가 **인종**과 **식민주의**에 대한 관심과 불가분하게 연결되어 있다는 사실에서 기인한다. 인종과 식민주의는 파농의 모든 저서와 지적 궤적을 가장 잘 요약하는 말이기도 하다.(파농과 정신의학, 식민주의에 대해서는 다음을 볼 것. Vaughan 1994, Vergès 1996, Keller 2007)

이 책의 파농 이해는 다른 무엇보다도 오토 세키 오투Ato Sekyi-Otu(1996)와 나이절 깁슨Nigel Gibson(2003)의 파농 이해와 일치한다. 나의 관점에서, 파농의 중요한 성찰은 식민 지배에 의해 인종화된 사회적·경제적·정치적 조건에서 흑인 신경증의 원인을 파악할 수 있도록 하는, 개인적인 것과 사회적인 것의 교차점에 대한, 그리고 정치적인 것을 아우르는 개인적인 것에 대한 그의 상세한 고찰에서 발견된다. 파농의 정신분석적 이해는 거의 항상 다음과 같은 사회적인 분석에 뿌리를 두고 있다.

- 가족
- 물질적 조건들(실업, 가난, 폭력)
- 환경이 유발한 심리적 요인들(모욕, 소외)
- 국가의 위기(식민주의에서 공동체의 위기, 종족중심주의로의 회귀, 토착 신앙에 대한 믿음 상실)

파농의 포스트식민 사상은 탈식민화의 불가피성, 탈식민화의 구조와 본질(그러므로 포스트식민성의 조건)뿐만 아니라, 그 과정의 위험과 모순 및 문제에 대한 관심을 이끌어 낸다. 파농은 네그리튀드Négritude(통합된 흑인의식과 문화에 대한 사상)와 문화민족주의와 같은 탈식민화 과정들이 이전 피식민지인들이 그들의 마음을 진정으로 '자유롭게' 하는 데 필수적이라는 사실을 망각한 적이 없다. 그러나 이러한 과정들이 다소 불편하고 매우 위험한 결과들을 초래할 가능성이 있다는 사실도 고통스럽게 의식했다. 그래서 파농은 포스트식민주의 자체의 위험을 알고 있는 **자아 성찰적 포스트식민 사상가**를 대표한다.

포스트식민주의 자체의 위험이란 무엇인가. 가령 민족의식을 다룬 파농의 중요한 글을 피상적으로 이해하는 경우가 보여 주는 것과 같은 위험이다.(앤 맥클린톡Ann McClintock이 지적한 바와 같이(1995 : 365)) 마치 베네딕트 앤더슨Benedict Anderson의 저서(《상상의 공동체Imagined Communities》(1983))를 예견이라도 하듯, 파농은 국가를 구성되고 상상된 실체entity로 간주했다. 물론 혁명적이면서 반대 목소리와 다양한 목소리를 수용할 수 있고, 식민주의가 주입한 이분법을 뛰어넘는 민족 공동체를 정확히 어떻게 상상할지 하는 방법은 파농에게도 어려운 문제였다.

파농은 포스트식민 국가가 수립되면 민족 정부들이 간단히 억압자들의 역할을 떠맡으며 "무익한 형식주의에 민족의식을 구속시키려"(Les Damnés : 144) 할 것이라고 예견했고, 이는 현실이 되었다. 이로써 그는 독립 이후의 국가를 상상하고 구성하는 방법을 고민한, 거의 최초의 예언자 같은 존재가 되었다. 수십 년 후 나이지리아 작가 소잉카(1934~)가 나이지리아가 처한 정치적 상황을 가리켜 "지도력의 광기"라고 한 말은 과거 파농이 말한 바를 그대로 반복하고 있다.(1996:153)

포스트식민 국가와 그 지도력에 대한 의심은 탈식민 투쟁 전성기에 활동한 두 인도 사상가의 사상에서도 찾아볼 수 있다. 바로 라빈드라나트 타고르Rabindranath Tagore(1861~1941. 시인, 예언자, 교육자. 민족주의에 대해 매우 회의적인 글을 썼다.)와 마하트마 간디Mahatma Gandhi(1869~1948. 반식민 투쟁을 주도한 국민회의파 Congress Party는 독립 달성 후 해산되어야 하고, 그 구성원은 다른 역할로 조국에 봉사해야 한다고 주장했다.)이다.

포스트식민 국가에 대한 파농의 근심은 가니언 아이 퀘이 아르마Ghanian Aye Kwei Armah(1939~) 같은 작가들에게도 분명히 나타난다. 아르마의 소설 《아름다운 것들은 아직 태어나지 않았다The Beautiful Ones are Not Yet Born》는 "어떻게 이런 것들이 그렇게 완전하게 다른 것으로 변해 버렸지?"(85)라고 의아해하며, 포스트식민 국가에서 끔찍한 괴물로 변해 버린 반식민 투쟁의 약속과 잠재성에 대해 놀라워한다. 이와 유사한 견해가, 내가 다른 책에서 "환멸적인 포스트식민 소설"(2010:82)이라고 한 작품들을 쓴 인도 출신 살만 루시디Salman Rushide(1947~), 인도 출신 캐나다 작가 로힌턴 미스트리Rohinton Mistry(1952~), 카리브해 작가 조지 래밍George Lamming(1927~), 칠레 작가 이사벨 아옌데Isabelle Allende에게서 확인된다.

파농은 모든 식민주의가 토대를 두고 있는 이원론, 즉 이성적이고 선하고 순수한 백인과 비이성적이고 악하며 불순한 흑인을 대비시키는 (오늘날 '마니교적 이원론manicheanism'이라고 지칭되는) 이원론을 경계했다.(마니교는 3세기 페르시아 왕국에서 마니Mani가 창시한 이원론적 종교로, 광명과 암흑, 선과 악의 이원론이 근본 교의이다.—옮긴이) 또한, 탈식민화 과정을 거치는 국가들이 이러한 이원론의 잔재에서 허우적거리는 것을 경계했다. 파농은 정치적 독립 이후 "몇몇 흑인들이 백인들보다 더한 백인이 될 수 있음"(Les Damnés : 93)을 경고한 최초의 포스트식민 이론가였다.

일상적인 차원에서도, 즉 문학적·상상적인 차원에서 물질적인 차원으로 초점을 바꿔 보아도, 탈식민 국가의 새로운 엘리트들은 수많은 '제3세계' 국가들에서 새로운 식민 지배자가 된다. 한쪽이 '좋은 사람들'(피식민지인)이고 다른 한쪽이 '나쁜 사람들'(식민 지배자)인 식민 시기의 용이한 구분은, 탈식민화(라고 말해지는) 상태에서는 더 이상 존재하지 않는다. 포스트식민 국가에 파농이 소망한 새로운 휴머니즘이 필요한 까닭은, 바로 전복되었지만 여전히 존재하는 이원론이라는 식민 유산 때문이다.

《검은 피부, 하얀 가면》의 결론부는 포스트식민 국가의 본질에 대한 예언적인 경고로 가득 차 있다. 파농은 인종 정체성(흑인 대 백인)의 적대적인 이원론을 극복하고, 타자를 성숙하게 대하라고(Alessandrini 2010 : 11) 요청한다. 바로 이것이 제국주의를 추동한 인종적 이분법과 그 문명화 사명(우월한 백인종이 열등한 흑인종 혹은 황인종을 문명화시켜야 한다고 주장하는)을 폐기하는 새로운 휴머니즘이다.

| 주체성 이론가 |

식민 상황에서 피식민지인들이 갖는 주체성의 본질과 주체-형
성을 탐색한 최초의 포스트식민 이론가. 이렇게 파농을 해석하
면 유익하다. 실제로 그는 피식민지인 스스로 새로운 주체성을
형성한 방식을 깊이 생각한 최초의 인물 중 한 명이다.(여기서 파
농의 젠더화된 분석을 강조할 필요가 있다.)

　파농은 먼저 폭력적이고 인종주의적인 식민 상황에서 말살된
피식민지인의 인격과 정신, 의식을 언급한다. 파농은 피식민지
인의 원시주의, 즉 피식민지인은 일반적으로 지적인 활동과 의
식이 부재하다는 주장으로 "난타당하고" 있다고 썼다.(Peau noire
: 84-5) 식민 상황에서 벌어지는 피식민지인의 자아의식과 정체성
의 붕괴를 말한 것이다. 그렇다면 이러한 전면적인 자기소멸의
조건에서 피식민지인 흑인은 어떻게 출현하는가? 파농은 자아
형성을 매우 강조한다.

　정체성이 결여되면서, 피식민지인은 백인에 **의한** 인정recog-
nition과 백인과의 동일시identification를 추구하게 된다. 정체성이
부정된 피식민지인은 이제 자기 정체성보다 **동일시**와 동일시가
진행되는 위치, 즉 백인과 백인문화의 위치에 더 관심을 가진
다.(Bhabha 2009a : 63-4) 다시 말해, 모든 자아의식을 결여한 흑인은

백인과 그 백인문화가 부여할 수 있는 정체성을 추구하게 되는 것이다. 자신의 문화와 의식이 파괴된 흑인은 이질적인 백인문화로부터 그리고 그 내부에서 일종의 인정을 추구함으로써 도피처를 찾는다. 흑인은 부적합한 '하얀 가면', 더 정확하게는 일련의 하얀 가면들을 쓰고 백인이 흑인들이 연기하도록 바라는 역할을 하면서 백인 지배자를 모방하며 자신을 형성한다. 피식민지인에 대한 흑인과 백인 간의 파악하기 힘든 끊임없는 전환이 존재하게 되는 것이다. 파농이 파악하듯이, 모든 정체성 문제는 3장에서 보게 될 피식민지의 명확한 정체성 결여에서 비롯된다.

파농은 자아실현과 자아 형성의 방식으로 폭력을 제안한다. 즉, '피식민지 주체는 현실을 발견하고 자신의 실천, 폭력의 사용, 해방 어젠다를 통해 현실을 변화시킨다'.(Les Damnés : 21) 피식민지에게 선택권과 권력이 거의 없는 식민 상황에서, 폭력은 생존의 수단이고 행위성agency(삶과 행위의 과정을 결정하는 능력)을 창조하는 방식이다.(이후 포스트식민 이론가들은 원주민들 혹은 피식민지인들이 자아의식을 획득하는 방식으로서 폭력적이든 비폭력적이든 반식민 투쟁의 중심으로 폭력에 주목해 왔다. 다음을 볼 것. Leela Gandhi 1999 : 112 ; Bhabha 2004 : xxxvl ; Srivastava 2010.)

이처럼 재형성된, 과거 식민을 경험한 피식민 주체야말로 새로운 휴머니즘의 발생을 말해 준다고 파농은 보았다. 이를 다른 말로 하면, 유럽의 인종화된 휴머니즘과 반식민적 외국인혐오를 둘 다 거부하는 새로운 의식의 발생을 가능하게 하는 탈식민화 과정

없이는 진정으로 포괄적인 휴머니즘은 있을 수 없다. 새로운 휴머니즘은 오직 폭력과 탈식민화 및 자아 형성을 통해, 문화민족주의의 외국인혐오뿐 아니라 유럽 휴머니즘까지 모두 거부하는 자유로운 개인으로서 자기 자신을 창조하는 이전 피식민지인(비백인)에게서 출현한다.

| 휴머니스트 |

이 책은 **새로운 휴머니즘**을 상상하며 파농에게 접근한다. 다시 말해, 이 책은 알제리 그리고 더 최근 튀니지에서 있었던 시민봉기(2010~11년 장기통치 독재자를 몰아낸 일명 '재스민 혁명')와 인종 말살을 검토할 때 역사적으로는 그 정당성이 입증되지 않은 파농의 사상을 상상하며 파농을 읽는다. 비록 폭력을 강조했지만, 이 책은 마지막 장에서 파농의 저서가 우리에게 다음과 같은 바를 제시한다고 주장한다.

첫째, 파농의 저서는 반식민 투쟁들과 아프리카의 역사적 특수성, 폭력을 넘어서는 휴머니즘 체계를 제시한다.

둘째, 파농의 저서는 전통적 유럽 계몽주의 휴머니즘이 포함하는 식민적·자본주의적 문제들을 방지하는 휴머니즘 체계를 제시한다.

마지막으로, 파농의 저서는 포스트식민 문화민족주의들 내에서 일어날 수 있는 인종적·종족적 이분법으로의 끔찍한 회귀와 반휴머니즘적 외국인혐오 가능성을 성찰한다.

이 책이 제안하는 파농의 휴머니즘은 특별한 궤적을 거쳐야만 도달할 수 있다. 이 궤적은 다음의 4단계로 요약된다.

1단계 파농은 인종주의와 억압이 원주민의 자아의식, 문화 정체성, 의식을 무력화시키는 식민 조건들을 탐색한다. 이런 의미에서 비록 많은 식민주의의 문명화 사명(아프리카와 아시아의 이른바 '야만적인 원주민'을 유럽의 교육과 기독교, 법으로 '고양'시키는 식민 프로젝트)이 표면상으로는 인류의 타고난 평등과 통합을 바라는 휴머니즘적 전망으로 추동되었다 할지라도, 파농은 식민주의는 반휴머니즘이라고 지적한다. 여기서 파농은 피식민지인들을 특징짓는 정신질환, 폭력과 불만에 대해 언급한다.

2단계 파농은 피식민지인이 자아의식으로 회귀하는 과정을 추적한다. 처음에 흑인은 백인에게 인정받고자 '하얀 가면'을 쓴다. 그러나 피식민지인은 결코 완전한 백인이 될 수 없음을 알고, 흑인과 백인의 정체성 사이에서 지속적으로 미끄러진다.

3단계 이러한 혼란스럽고 분열된 정신의 결과로서, 피식민지인은 자아의식을 획득하는 데 도움을 줄 수 있는 행위 형태들에 자신을 고정시킬 절박한 필요성을 발견한다. 파농은 폭력을, 피식민지인이 식민 지배자와의 투쟁뿐 아니라 자기 자신의 긍

정을 모색하는 수단으로서 간주한다. 다시 말해, 폭력이 자아
의식을 발견하는 수단이 되는 것이다.

4단계 탈식민화 시기에 피식민지인이 자아의식을 개발하는
데 기여하는 것은 반식민 투쟁에 속하는 문화민족주의이다. 문
화민족주의는 이전 피식민지인을 그들의 문화에 고정시킨다. 그
러나 파농은 문화민족주의가 어떤 인종 집단 혹은 정체성과 민
족을 배제하면서 식민주의와 같은 방식으로 작동할 수 있는 위
험을 안고 있다고 경고한다.

잠시 멈추어 자아 형성 과정을 성찰하는 피식민지인들, 그리
고 유럽 사상의 본질적인 반휴머니즘을 발견한 피식민지인은 포
스트식민 국가들이 외국인혐오로 빠져들지 않도록 빈틈없이 경
계해야 한다. 파농은 진정으로 해방된 포스트식민지인은 인종
양상이 없는 유럽 휴머니즘을 택해야 한다고 주장한다. 포스트
식민지인은 외국인혐오가 없는 포스트식민 상황의 자아 형성을
택해야 한다. 즉, 파농은 자아 형성된 포스트식민지인이라면 자
기가 처한 조건들을 자아 성찰해야 하고, 문화민족주의는 신뢰
할 수 없는 것임을 깨닫고, 진정으로 "이해하고 사랑하는"(Peau
noire : 1) 것이 보편적 휴머니즘임을 옹호해야 한다고 제안한다.

새로운 휴머니즘은 오직 과거 식민 경험이 있는 피식민지인에
게서만 출현한다. 그러려면 이 피식민지인은 자기인식적일 뿐만
아니라, 유럽 휴머니즘 역사에서 영감을 얻되 배타적인 유럽 휴
머니즘과 포스트식민적인 외국인혐오적 민족주의 모두를 폐기

하는 반식민 투쟁의 경험에서 이끌어 낸 "인류의 미래에 대한 개념"(Les Damnés : 143)을 가지고 있어야 한다.

이 책은 파농을 읽는 이 네 가지 과정을 따른다. 파농의 삶과 지적 영향에 대해 간단하게 설명한 후, 3장과 4장에서는 파농이 말하는 식민주의의 인종 조건들을 논의한다. 이 장들에서 식민주의에서 발생한 자기소멸 과정을 파농이 어떻게 설명했는지 탐색한다. 이것은 앞서 나열한 파농 사상의 1단계와 2단계에 해당한다. 5장과 6장은 파농이 피식민지인 자아의 재구성과 복원으로 나아가는 하나의 단계로서 폭력을 어떻게 다루었는지를 검토한다. 이것은 앞에서 언급한 3단계에 해당한다. 7장과 8장은 파농의 탈식민화 연구와 비판을 다룬다. 이것이 4단계이다. 마지막 9장은 파농이 말한 인정의 윤리, 집단적 윤리, 보편주의에 초점을 맞추며 파농 사상에 존재하는 휴머니즘을 찾는다.

제 1 장

파농
: 혁명과 삶

Frantz Fanon

| 식민주의에 눈뜨다 |

파농의 글은 알제리 해방투쟁에 임하는 그의 정치적 실천주의와 불가분하게 연결되어 있다. 현재 우리가 보는 파농의 모든 저서는 그가 정신의학 저널과 강연, 급진적 정기간행물 혹은 다양한 정치 및 문학 포럼에서 발표한 글들로 되어 있다. 그리고 그의 글은 사실상 혁명에 참여했던 그의 삶을 구체적으로 보여 준다.

1925년 7월 20일, 마르티니크 섬에서 여덟 형제 중 다섯째로 태어난 파농은 이후 포르 드 프랑스Fort-de-France(프랑스령 마르티니크 섬의 주도이자 항구도시)에서 성장했다. 마르티니크 섬은 카리브 해 섬들 중 하나로 면적이 대략 1천 제곱킬로미터쯤 되는 아주 작은 섬이다. 17세기에 식민지가 되고, 파농이 태어난 시기에 프랑스의 '해외대행정구overseas department'가 된 이곳은 과거 노예경제와 무역의 중심지였다. 파농은 이러한 역사적 사실을 아주 잘 알고 있었다. 그는 《검은 피부, 하얀 가면》에서 "나는 나의 선조들을 비인간화시켰던 노예제의 노예가 아니다."(179)라고 썼다.

파농의 증조부는 노예의 후손이었지만 토지를 취득하고 코코아를 재배했다. 파농의 아버지 펠릭스 카시미르Félix Casimir는 관세국 공무원이었고, 어머니 엘리노어Eléonore는 가게를 운영했다. 가족은 부모의 수입으로 꽤 넉넉했지만(심지어 본가 외에 집이 또 있었다), 몇몇 빈곤의 징후도 있었다. 파농은 고등학교를 다녔고, 이 학교는 지역 도서관에 있었다. 파농은 이 도서관에서 엄청나게 책을 읽었는데, 특히 철학과 문학 분야의 책들로 폭넓은 소양을 쌓은 것 같다. 그에게는 고전을 읽는 것이 어려운 일이 아니었고, 그는 시간을 잘 활용했던 것으로 보인다.

학교에서는 크레올어Creole 사용이 엄격하게 금지되었고 프랑스어만 허용되었다. 이러한 언어의 위계는 (비록 파농이 마르티니크 섬에 사는 유럽인들과 거의 접촉하지 않았다 하더라도) 어린 파농에게 식민 상황을 성찰할 계기가 되었을 것이다. 이 같은 학창 시절의 금지를 회상하며, 파농은 식민주의에서 언어가 차지하는 중요성을 강조했다. 이 점은 《검은 피부, 하얀 가면》 1장에서 '흑인과 언어'를 논의한 것에서 알 수 있다.

파농은 고등학교에 입학해서 처음으로 그의 사상에 큰 영향을 끼친 인물을 만나게 된다. 그 인물은 당시 교사로서 학교에 합류했던 아프리카계 마르티니크 시인이자 작가, 정치가인 에이메 세자르Aimé Césaire(1913~2008)였다. 파농이 인정한 대로, 세자르는 파농과 그의 급우들뿐 아니라 전 세대의 마르티니크 사람들로 하여금 흑인이라는 사실에 자부심을 갖도록 격려한 인물이다. 1939년 세자르는 시집 《귀향 수첩Cahier d'un retour au pays natal》을 출판했다. 파농은 시집에 있는 긴 구절을 암송할 정도로 이 책에 크게 감화받았다.

1940년 프랑스는 독일군과 휴전협정을 체결했지만, 샤를 드 골 장군이 이를 거부했다. 마르티니크 총독 및 시장들은 연합국 지지를 서약하고 지원했다. 몇 달 후 이 지역 항구들이 전쟁 활동의 일환으로 미국의 관리 하에 봉쇄되었다. 이에 따라 수많은 수병들이 주둔군으로 이곳에 파견되었다. 마르티니크 아이들이 전에는 보지 못한 백인 군인들을 보게 되었다.

1943년 열일곱 살이 된 파농은 프랑스군에 입대하고자 도미니카로 갔지만, 나이 때문에 거부당하고 귀가 조치되었다. 식민 체제 혹은 백인 체제의 일부가 되고자 한 그의 첫 시도는 좌절되었다. 군 입대가 좌절된 후 몇 년 동안 파농을 둘러싸고 일어난 사건들은 그에게 식민 상황에 대한 좀 더 깊은 성찰을 부여했다고 할 수 있다. 당시 마르티니크 섬에서는 약간의 소요가 발생하고 있었다. 1942년 일부 원주민들이 프랑스 국가 제창을 거부했고, 백인 수병과 원주민 사내아이들 간의 싸움이 일상적으로 일어났다.

1944년 7월, 프랑스군을 위한 전투 자원병 파견이 결정되었다. 3월 12일 파농은 다시 입대를 자원했고, 배로 카사블랑카로 갔다가 오란으로 파견되었다.(카사블랑카는 모로코 북서 해안의 항구도시고, 오란은 알제리 서북부의 항구도시다.) 이것은 아마도 파농에게 역사적 여정이었을 것이다. 왜냐하면 이 여정의 말미에 이르러 파농은 자신이 읽은 책, 그리고 다소간 개인적인 삶을 통해 알게 된 인종과 식민주의에 대해 더 많이 이해하게 되었기 때문이다.

알제리에서 파농은 처음으로 식민주의가 초래한 아랍 원주민들의 굶주림을 목격했다. 백인 병사들과 행정 관리들은 안락한 생활을 했지만, 나머지 모로코 사람들은 가난과 불만족으로 괴로운 나날을 보내고 있었다. 기독교인들은 꽤 쾌적한 집에 살았지만, 이슬람교도들은 가족을 부양하기 위해 발버둥치고 있었다. 게다가 카리브 해와 아프리카 출신 병사들에 대한 대우도 달랐다.(심지어 착용하는 옷도 달랐다.) 흑인 병사들은 아랍 병사들보다 더 나은 대우를 받았다.(Macey 2000 : 93) 이 시기에 파농은 식민주의의 문화정치학을 깨달았고, 특별한 문화들이 어떻게 타자의 희생으로 용인되고 심지어 보호되는지를 알게 되었다.

이후 파농은 임무 때문에 론 계곡(프랑스 남부 리옹에서 오랑주까지 이어진 계곡)으로 보내졌다. 겨울이어서 파농과 세네갈 출신 동료들은 혹독한 추위로 고생했다. 그런데 파농이 최전선에서 목격한 광경은 더 충격적이었다. 프랑스군은 세네갈 병사를 총알받이로 앞장세우고, 프랑스 병사들은 그 뒤를 따르게 했다. 파농은 인종주의와 식민주의의 심각성을 깨달았다. 이 짧은 여정에서 파농도 가슴에 파편을 맞았다. 이 부상과 용맹함이 인정되어 무공십자훈장을 받았지만, 파농의 군 경력은 여기서 완전히 끝났다. 그가 전선에서 쓴 편지에 적었듯이(Macey 2000 : 103), 그는 유럽 권력을 방어하고 "진부한 이상"을 위해 싸우는 백인 군대에서 흑인이 어떤 존재인지를 알게 되었다. 그야말로 전쟁은 파농에게 두 눈을 뜨게 해 준 놀라운 경험이었다.

1945년 10월, 마르티니크 섬으로 돌아온 파농은 학업을 마치기 위해 고등학교에 다시 들어갔다. 세자르가 국회의원 선거에 출마하고, 파농이 세자르의 포르 드 프랑스의 시장 선거 후보운동을 돕고자 많은 사람들이 참여한 단체에 가담한 해도 1945년이다.

| '깜둥이' 정신과 의사　　　　　　　　　　|

군 복무 이후 파농은 고등교육을 받을 수 있는 다양한 경로를 모색하고 있었다. 그는 리옹으로 갔다. 그곳에서 처음에는 법학을 전공하려고 했지만, 곧 관심사를 완전히 바꾸어(그는 법학을 공부하기 위해 3주를 소비했다!) 리옹대학교에서 치과의학을 전공하게 되었다. 그리고 리옹에서 파농은 인종주의에 대한 특별한 관찰을 이끌어 내는 사건을 경험했다. 바로 이 책 맨 앞에서 살펴본 사건이다.

어느 날, 파농은 한 아이가 자신을 보며 "보세요. 깜둥이예요. 엄마, 깜둥이예요. 무서워요! 무서워요! 무섭다고요!"라고 외치는 소리를 들었다. 여기서 파농이 자신의 흑인성을 "발견"하기 때문에(Peau noire : 84), 이 사건은 그를 포스트식민 사상가로 만든 결정적 순간이라 할 수 있다.

파농은 리옹에서 다른 아프리카인들을 만났다. 몇 달간 리옹에서 지낸 그는 도시의 알제리인들이 종종 범죄자로 낙인찍히고, 그중 많은 이들이 가난 때문에 범죄로 내몰리는 현실에 주목했다. 다시 한 번 유럽에서 인종 간의 엄청난 격차를 경험한 것이다.

리옹대학교에서 의학을 공부한 파농은 곧 정신의학으로 전공을 바꾸었다. 이 시기에 파농이 프랑스공산당 소속 학생단체의 일원이었거나 적어도 가끔 이 단체를 방문했을 것으로 추정되지만, 이를 확인할 증거는 없다.(Macey 2000 : 124)

그다지 사교적인 사람이 아니었던 파농은 책을 읽는 데 많은 시간을 보냈다. 특히 철학에 대한 광범위하고 열정적인 독서가 계속되었다. 〔프랑스 철학자 에마뉘엘 무니에가 1932년 창간한〕《에스프리Esprit》, 장 폴 사르트르Jean-Paul Sartre의 《프레장스 아프리켄 Présence Africaine》 같은 새로운 잡지뿐 아니라, 미국의 아프리카계 소설가이자 수필가인 리처드 라이트Richard Wright(1908~60), (폭력죄로 교도소에 있는 동안 수많은 초기 작품을 펴낸) 미국의 아프리카계 범죄소설 작가 체스터 하임즈Chester Himes(1909~84)의 책을 계속 읽었다. 그러는 한편으로 자신이 만든 잡지 《탐 탐Tam-Tam》을 편집하는 데 많은 시간을 보냈다.(Macey 2000 : 129)

파농은 현대 정신분석학, 특히 프랑스의 자크 라캉Jacques

Lacan(1901~81)과 독일의 귀엑스Germain Guex, 스위스 정신분석학자의 글들을 폭넓게 읽었다. 의과대학에서는 개인적인 관찰 연구와 자유연상 실험을 수행했다. 특히 백인들이 '흑인'이라는 단어를 연상할 때 떠올리는 말들이 무엇인지를 파악하는 데 대단한 관심을 가졌다. 그 결과, 그의 실험에 참여한 400명 중 거의 모든 이가 '흑인' 하면 스포츠, 음경, 권투 선수, 야만인, 죄, 성교 등 흑인의 정형화된 이미지에서 나온 단어를 떠올리는 것으로 나타났다. 같이 학교를 다니는 대학생들도 흑인에 대한 터무니없는 편견을 갖고 있기는 마찬가지였다. 예를 들어 많은 대학생들이 흑인의 식인 풍습 신화와 흑인문화의 부재를 믿었다. 이제 본질주의essentialism를 중심으로 돌아가는 인종주의를 부정할 길은 없었다.

리옹은 파농에게 개인적으로 자극과 모험을 제공한 곳이기도 하다. 그 결과, 그는 당시 사람들이 부적절하다고 여긴 일에 연루되었다. 의대 동료 학생인 프랑스인 미셸Michelle과 사랑을 나눈 끝에 딸이 태어난 것이다. 하지만 파농은 처음에 이 아이를 자기 자식으로 인정하지 않았다. 수년간 가족과 친구들이 설득한 끝에야 아이를 자기 딸로 인정했다. 그러나 딸 미리엘Miriell은 아버지를 한 번도 만나지 못했다. 그때 파농은 이미 마리 조제프 뒤블레Marie-Josephe Dublé(조시Josie)와 사귀고 있었다. 조시는 파농의 대필 조수 역할을 했다. 파농이 구술하고 조시가 받아 적은 책이 바로 《검은 피부, 하얀 가면》이다.

파농의 임상 실험은 1951년에 끝났다. 그는 돌Dôle(프랑스 동부 프랑슈 콩테Franche-Comté 지역 쥐라Jura 주에 있는 도시)에 위치한 병원에 임시직을 얻었다. 병원에서 파농은 처음으로 정신이상 환자의 병력을 작성했다. 이 사례가 나중에 그가 식민지 정신분석 치료 이론을 만들어 내는 데 도움을 준 것 같다.

파농은 의학 박사 학위 취득을 위해 학위 논문을 제출하려 했으나, 지도교수는 파농의 생각이 너무 주관적이고 실험적이라며 거부했다. 이 논문 원고에는 간략하지만 파농이 처음으로 라캉을 연구한 부분이 포함되어 있었다. 이후 이 원고는 '검은 피부, 하얀 가면'이라는 제목으로 발간되었다. 이 책의 첫 에세이는 《에스프리》 1951년판에 게재되었고, 1952년 쇠유Seuil 출판본으로 완간되었다. 그 후 파농은 좀 더 전통적인 의학 주제(프리드리히 질환Friedrich's disease) 연구에 전념했고, 이를 통해 (학술 시스템에) 더 부합하는 방식으로 논문 작업을 진행했다. 1951년 11월 29일, 마침내 그는 학위논문 심사를 통과했다.

《검은 피부, 하얀 가면》은 1952년에 인쇄 출판되었다. 문학, 정신분석, 철학 등이 뒤섞인, 기존의 저작 관행을 파괴한 이 책은 독자들을 혼란스럽게 만들었다. 1952년은 파농에게 다른 의미에서도 중요한 해이다. 그해 파농은 조시와 결혼했고, 생 탈방Saint-Alban 병원에 들어갔다. 프랑수아 토스켈François Tosquelles 박사가 이끈 이 병원 의사들은 (그 당시 일반적인 의료 분위기에서 흔치 않은) 정신질환의 사회적 맥락에 집중하면서 사회심리요법을 수행하고 있었다. 같은 해 파농은 마르티니크 섬을 방문했는데, 아마도 정신치료 병원을 설립할 생각이었던 것 같다. 그러나 가능성이 없다는 것을 바로 깨닫고, 생 탈방 병원으로 돌아왔다. 이후 그는 다시는 마르티니크 섬을 방문하지 않았다.

1953년 6월, 파농은 의사 시험을 통과하여 정신과 의사 자격증을 취득했다. 이 자격증 덕분에 다른 일자리를 알아보는 것이 더 수월해졌다. 같은 해 11월, 그는 알제리에서 가장 큰, 정부에서 운영하는 정신치료 시설인 블리다 주앵빌Blida-Joinville 병원의 정신과 의사로 임명되었다. 파농은 병원 구내의 숙소에서 아내와 함께 살기 시작했다. 1955년 이곳에서 외아들 올리비에Olivier가 태어났다. 파농은 병원 일과 틈틈이 정신의학 잡지에 학술 에세이를 발표하기 시작했다.(메이시Macey의 전기는 자세한 서지목록을 제공한다. 다음도 참조할 것. Butts 1979, Bulhan 1985, Lebeau 1998, Macey 1999) 파농의 병원 생활은 매우 바빴다. 정말 놀라운 것은, 그럼에도 불구하고 파농이 발휘한 엄청난 에너지다.

파농이 블리다[알제리 북부 도시] 병원에 합류한 해, 알제리는 프랑스 '점령'에 반대하는 불만과 긴장 상태의 명백한 징후를 보이기 시작했다. 이 시기 파농은 도시가 어떻게 더럽고 가난한 원주민 구역과 청결하고 정돈된 프랑스인 구역으로 나뉘어 인종적으로 분리되었는지를 알게 되었다. 이것이 《대지의 저주받은 사람들》에서 그가 주목한 바이다.

알제리 민족해방전선

1954년 11월, 폭력 사태가 벌어져 프랑스 군인들이 죽었다. 여러 건의 폭발 사건이 알제리인들을 동요시켰다. 다양한 지역에 집결한 게릴라들은 정부 시설을 공격하기 시작했다. 알제리 반란이 시작된 것이다. 이 반란은 아프리카 대륙에서 진행된 가장 길고도 처참한 전쟁으로 기록되었다. 프랑스군은 실종, 처형, 고문 등을 동반한 잔인한 반란 진압작전을 펼쳤다. 1954년 후반 혹은 1955년 초반에 결성된 알제리 해방투쟁 조직 알제리 민족해방전선(FLN)은 프랑스 식민 지배자들을 똑같이 처형했다. 이 조직은 특히 프랑스 민간인과 그 가족을 표적으로 삼아 프랑스군의 더 심한 보복을 불러일으켰다.

돌에서 시작된 식민 의료 활동에 대한 지속적인 관심, 특히 정신의학에 대한 관심은 파농으로 하여금 당시 블리다의 정신질환 치료에 문제가 있음을 깨닫게 했다. 파농은 병원이라는 식민지 의료 기관에서 자신이 수행하는 역할과 타협할 수 없었다. 그는 블리다와 같은 병원들이 원주민을 치료하는 데 집중하지 않는다는 것을 알았다. 당시 의사 및 간호사들이 따르던 정신의학 이론은 아랍인과 흑인들의 선천적인 흉포성, 범죄성과 폭력적 성향을 단순하게 가정하고 있었다.

그러나 파농은 흑인 환자 연구를 통해 그들의 추정된 병리적 문제들이 주로 심리적인 것이며, 인종주의와 식민주의라는 사회적 상황이 유발한 정신적 장애의 결과임을 알게 되었다. (유럽인) 경찰은 알제리 민족해방전선 게릴라를 고문하기 전에, 자신을 심리적으로 단련할 목적으로 파농을 찾아왔다. 알제리 전투원과 민간인은 폭력에 장기간 노출되어 발생한 생리적·심리적 장애로 괴로워하며 파농에게 도움을 청했다. 프랑스 경찰과 아랍 환자들을 치료하면서, 파농은 식민주의가 희생자와 가해자 **모두**에게서 폭력을 불러일으켰음을 깨달았다.

파농은 이러한 사례들을 신중하게 기록했다. 《대지의 저주받은 사람들》에 포함된 에세이 〈식민 전쟁과 정신질환〉(이 에세이의 초기본은 1955년 잡지 《콩시앙스 알제리엔Conscience Algériennes》에 게재되었다.)과 《대지의 저주받은 사람들》에 담긴 폭력에 대한 핵심적인 주제는 이러한 임상 경험에서 도출되었다.

파농은 식민주의의 사회적 상황이 폭력을 불러일으켰다고 주장했다. 다시 말해, 폭력은 흑인에게 내재하는 것이 아니라 식민 지배의 부당함으로 인해 흑인에게서 발생한 것이다. 파농은 지배계급이 만든 고문과 폭력을 승인한 식민 구조가 그 폭력의 가해자들에게도 정신질환을 유발했다는 사실에 주목했다.

과거보다 더 진전된, 파농의 식민 의학 및 정신의학적 성찰은 마노니O. Mannoni의 《프로스페로와 칼리반 : 식민화의 심리학Prospero et Caliban : Psychologie de la colonisation》(1950, 영어판은 1964년)과 같은 책을 읽고서 나왔다. 마노니는 모든 식민화는 심리적 관계들, 즉 권위적인 백인과 종속적인 흑인의 관계에 근거한다고 주장했다. 이런 관점을 토대로 파농은 유럽의 정신분석 모델이 인종주의나 식민주의 같은 매우 실제적인 물질적 조건들을 무시하면서 모든 정신병적인 문제를 개인의 정신에 어떻게 위치시키는지를 파악하기 시작했다. 그리고 흑인의 정신병적 행위를 유발하는 것은 흑인의 '체험된 경험lived experience'이라고 말했다.

이처럼 정신의학을 이데올로기적으로 바라보는 파농의 관점은 명백히 당시의 일반적 견해와 마찰을 빚었다. 그를 둘러싼 곳곳에 존재하는 인종화된 불평등과 가난, 대규모 실업은 파농으로 하여금 식민주의의 끔찍한 결과를 아주 명확히 파악하게끔 했다. 그가 알제리 민족해방전선과 접촉한 것은 이 무렵이다. 그는 이내 반식민적 알제리전쟁을 지지하게 되었다. 그는 게릴라 활동이나 알제리 민족해방전선 세력에 동참하는 것까지 고려했으나, 정신과 의사로서 다른 방식으로 알제리 민족해방전선의 대의에 기여할 수 있다는 쪽으로 생각을 바꾸었다. 이후 식민 상황에 대한 그의 분석이 심화되면서, 그가 벌이는 모든 의료 행위와 폭넓은 독서, 정치 활동은 하나로 합쳐지기 시작했다.

파농은 의사로서 샤를 제로니미Charles Geronimi와 프랑수아 산체스François Sanchez 같은 젊은 동료들과 함께 음악치료와 주제통각검사Thematic Apperception Test[어떤 대상을 지각하는 과정에 포함된 개인의 성격에 잠재하는 지적·심리적 요인을 파악하는 대표적인 심리검사], 그리고 자신이 진행하고 글로 쓴 연구들을 포함한 실험적인 정신의학 방식을 시도하기도 했다. 그러나 이 치료 과정에서 그의 급진주의를 둘러싸고 회자된 이야기들은 논평자들이 지적하듯 다소간 과장된 것이다.(Vergès 1996)

1956년 파농은 잡지 《프레장스 아프리켄》이 조직한 대규모 국제학술대회에 참석차 파리로 갔다.(세네갈 작가이자 활동가인 알리운 디오프Alioune Diop와 리처드 라이트도 이 학술대회에 참석했다.) 학술대회에서 파농은 논문 〈인종주의와 문화Racisme et Culture〉를 발표했다.(이 글은 《아프리카 혁명을 위하여》에 포함되어 출판되었다.)

| 지칠 줄 모르는 활동가 |

직장과 의료 행위 전체에 대한 파농의 불편함이 점차 커져 갔다. 결국 1956년, 식민 체제의 보호 아래 행해진 정신의학은 자신의 영역이 아니라고 확신한 파농은 임명직 의사 자리에서 물러났다. 그는 공사에게 보낸 편지에서, 식민 체제에서 아랍인(알제리인)이 '체계적으로' 비인간화되었으며 식민지 정신의학은 아랍인의 문제를 해결하지 못했다고 적었다.

> 만약 정신의학이 인간으로 하여금 그가 속한 환경에서 더 이상 이방인이 되지 않도록 하는 목적을 가진 의료 행위라면, 단언하건대 아랍인은 자기 조국에서 영구히 이방인이 된 채 절대적인 비인격화 상태에서 살고 있습니다.(〈변리 공사에게 보낸 편지〉, Africaine : 53)

파농은 확실하게 계속 이렇게 적고 있다.

알제리에 현존하는 사회구조는 흑인 개인을 자신이 속한 장소에 두고자 하는 어떠한 시도에도 적대적이었다.(Africaine : 53)

1957년 프랑스 정부는 파농을 알제리에서 추방했다. 파농은 알제리 민족해방전선에서 더 적극적으로 활동하기 시작했다. 알제리에서 추방되어 튀니지의 수도 튀니스Tunis에 도착한 후 더욱 적극적이 되었다.(비록 초기에 조직의 내부 정치가 그에게 그렇게 분명하지 않았지만) 그는 프랑스어를 사용하는 알제리 신문 《엘 무자히드El Moudjahid》의 편집인으로 활동했다. 그는 이 신문에 실린 정치 논평 작업에 참여했으며, 튀니스대학의 학생 단체에서 연설을 한 것으로 알려져 있다.

이 기간 동안 쓴 그의 글들은 프랑스 좌파에 대한 극단적 환멸을 드러내고 있다. 특히 '프랑스 지식인과 민주주의자, 그리고 알제리 혁명'이라는 글은 "식민 지배 국가들의 지식인과 민주적 집단들의 첫 번째 임무 중 하나는 피식민지인들의 민족적 염원을 전적으로 지지하는 것"(Africaine : 76)이라는 강력한 표현으로 시작된다. 그는 계속해서 "역설적이고 점점 더 무능한 상황"(89)에 안주하는 프랑스 좌파를 공격하며, 그들에게 제약받지 않고 알제리의 대의를 지지하며 투쟁에 "구체적으로 참여"(90)하기를 촉구했다.

파농은 튀니스의 마누바Manouba 병원에 배속되었다.(이 병원에서 그는 '파레 박사Dr. Fares'라는 이름으로 근무했다.) 이 병원에서 그는 치료 절차상의 확실한 개혁을 시도했다. 지칠 줄 모르는 파

농은 병원에서 자신의 책임을 다했을 뿐만 아니라, 샤를 니콜
Charles-Nicolle 종합병원에 일일 정신치료소를 세우고 근무하기도
했다. 그는 의료 시설에 근무하는 간호사들도 치료했다. 군대에
서 경험한 전기충격으로 트라우마trauma가 생겨 전기 스위치조
차 켜지 못하는 고문 희생자들도 만났다. 그 밖에 우울, 환각으
로 고통 받는 희생자와 이유를 알 수 없는 폭력의 희생자들을
만났다. 파농은 이 모든 증상의 원인이 고문에 있음을 밝혀냈
다. 실제로 알제리 다른 지역에서 자행된 고문, 한밤중의 체포
와 납치에 대한 소식들이 정기적으로 전달되고 있었다.

　파농의 지적 추구는 끝이 없었다. 계속 글을 쓰며 전문 학술
대회에서 발표를 했고, 저서를 출판하기도 했다. 1959년 가나의
아크라Accra에서 그는 알제리 민족해방전선의 상근대표로 임명
되었다. 파농은 알제리 저항을 널리 알리고, 지원을 요청하고,
비밀 모임을 주선하면서 많은 곳을 여행했다. 그리고 범아프리
카 인민회의All-African People's Congress(1958), 아프리카 민족회의
Conference of African Peoples(1960) 등의 수많은 회의에서 연설을
했다. 이렇게 활발히 활동하던 와중에 파농은 로마에서 교통사
고로 척추와 갈비뼈에 손상을 입었다. 치료차 입원한 병원에서
그를 암살하려는 시도가 있었지만 무사했다.

　파농이 최종적으로 문화민족주의에 대한 비판 관점을 명확
하게 표명한 곳은, 1959년 로마에서 열린 제2차 흑인 작가 및
예술가 회의Congress of Black Writers and Artists였다. 그는 '민족문
화와 해방투쟁의 상호 토대'라는 제목의 글을 발표했다.(발표 후

디오프와 다른 참석자들이 파농을 "흑인 천재"라고 칭찬했다.) 이 글에서 파농은 민족은 정치적 실체일 뿐 아니라 문화적 실체이므로, 진정한 문화는 버팀대로서 민족을 가져야만 한다고 주장했다. 이러한 주장은 더욱 선명하게 다듬어져서 최종적으로 《대지의 저주받은 사람들》에 포함되었다. 이 기간에 파농은 후에 '알제리 혁명 5년'이라는 제목으로 출판될 글을 쓰고 있었다.

1958년 포스트식민 아랍 소설과 페미니즘 소설 분야의 핵심 인물 중 한 명인 소설가 아시아 제바르Assia Djebar가 튀니스에 도착했다. 그녀는 파농을 만나 알제리 민족해방전선의 정치 선전 책자를 만들었다. 나중에 제바르는 조시 파농의 친한 친구가 되었다. 1959년부터 60년 사이에 파농은 고향인 마르티니크 섬에 대한 글을 몇 편 발표했다. 이후에 '프랑스 지배 하의 앤틸리스에서 피가 흘러내리다'라는 제목으로 《아프리카 혁명을 위해서》에 포함된 이 글들 중 하나에서 파농은 포르 드 프랑스에서 일어난 민족적 폭발을 다루었다. 그는 "마르티니크 섬 민족정신의 최초의 표명"(Africaine ; 169)을 나타내는 사건으로 이 폭발을 언급하면서, 마르티니크인의 투쟁에서 알제리인을 지지하는 혁명가들을 확인했다.

그 사이에도 알제리인과 관련한 자기결정권 논쟁이 맹렬히 계속되었고, 총파업은 유행이 되어 버렸다. 파농은 수많은 회의에 참석하며 기니, 말리, 리비아, 라이베리아 등지로 비밀 여행을 다니며 알제리의 대의에 대한 지지를 최대한 이끌어 냈다. 그는 다른 아프리카 국가들에서 전개되던 사건들에도 관심을 가졌다.

특히 최근 독립을 획득했지만 여전히 정치적 문제들로 싸움을 벌이던 콩고를 주의 깊게 살폈다. 이 여행 동안 파농은 프랑스 군대 이동에 대한 정보를 수집하고, 알제리 내부로 몰래 잠입하려는 프랑스군의 실행 계획에 주의를 기울인 것으로 보인다.

| 마지막 불꽃 |

그런데 여행을 하던 도중 말리에 이르렀을 때 파농이 피로를 호소하기 시작했다. 살도 빠졌고 허약해 보였다. 동료들은 이것이 무리한 여행 일정 탓이라고 여겼다. 가나의 수도 아크라에 당도했을 때 파농은 겸손하게 의사를 찾아갔다. 그런데 검사 결과, 백혈병의 증상을 나타내는 백혈구 수치가 엄청 높게 나타났다. 그 다음으로 튀니스 의사를 찾아갔을 때, 파농은 비로소 자신이 불치병에 걸렸고 1년 정도밖에 살지 못할 것이라는 걸 알았다.

이것은 혁명가의 삶을 살고 있던 파농에게 의학 분야의 이데올로기적 문제를 초래했다. 아프리카 국가의 치료 수준은, 특히 이런 종류의 병과 관련해서는 가장 초보적이었기 때문이다. 파농은 프랑스나 미국으로 가야만 했다. 그런데 프랑스로 가면 체포되거나 암살당할 위험이 컸다. 미국은 파농이 가장 혐오하는 또한 나라였다. 많은 논의 끝에 파농은 모스크바로 가기로 했다.

치료를 받자 병세에 차도가 있는 듯 보였고, 파농은 다시 정치 활동을 재개했다. 모스크바에서 돌아온 파농은 튀니스에 있는 알제리 군대를 대상으로 강연을 하기도 했다.

아마도 파농은 이러한 상태가 병이 잠시 멈춘 것이라는 걸 알고 있었을 것이다. 그래서 누군가를 만나기 위한 여행을 감행할 만큼 열정적으로 활동했다. 파농은 지인을 통해 마침내 1961년 로마에서 사르트르를 만났다. 메이시는 두 사람이 점심 식사를 하러 만나서 다음 날 아침 8시까지 대화를 나누었다고 기록했다.(시몬 드 보부아르Simone de Beauvoir〔1908~86〕는 사르트르가 잠시 잠을 잤다고 확신했지만!) 파농은 샤를 란츠만Charles Lanzmann에게 "나는 몸을 아끼지 않고 일하는 사람들을 싫어하지 않는다"고 말한 것으로 알려져 있다.(Macey 2000 : 459)

파농은 1961년 여름 내내 작업을 했다. 고통을 참으며 10개월에 걸쳐 《대지의 저주받은 사람들》(이 저서의 일부 내용은 파농의 강연집으로 재출판되었다.)에 들어갈 내용을 정력적으로 구술했다. 폭력에 대한 장은 1961년 잡지 《레 탕 모데른Les Temps Moderns》에 처음 발표한 것을 저서에 적합하도록 개정했다. 《대지의 저주받은 사람들》에 포함된 사르트르의 논쟁적인 서문은 처음에는 '부록'으로 나와 전단처럼 책에 끼워졌다. 비록 파농은 자신의 마지막 책을 인쇄본으로 보았지만, 《대지의 저주받은 사람들》 준비에 들인 노력이 그를 완전히 소진시켜 버렸다.

그 사이, 파농이 《대지의 저주받은 사람들》을 구술하던 10개월 사이에 프랑스와 알제리 양쪽의 폭력이 확대되면서 알제리 전역이 화염이 휩싸였다. 그리고 이 기간 동안 죽음을 앞둔 파농은 새롭게 독립한 사회들이 민족주의로 야만 상태가 될 것이라는 예언적인 발언을 했다. 실제로 다른 아프리카를 포함하여 알제리는 이후 채 10년이 지나지 않아 이러한 야만 상태로 돌입했다. 1980년대 후반에 이르자 부패, 인종 학살, 외국인혐오와 근본주의가 걷잡을 수 없는 지경에 이르렀다. 외국인들은 이슬람구국전선Islamic Salvation Front과 같은 조직의 목표물이 되었고, 지식인들은 납치당해 처형되었으며, 모든 반대자들은 진압되었다.

파농은 계속 미국으로 가는 것을 거부했다. 그러나 1961년 10월, 결국 파농은 수긍하고 미국으로 건너갔다. 미국으로 가는 도중 일행은 로마에 잠시 체류했는데, 이때 사르트르가 호텔에 있는 파농을 방문했다. 1961년 10월 3일, 파농은 미국 워싱턴 D. C.에 도착했다.

파농의 죽음에 대해서는 수많은 음모론이 유포되었다. CIA가 파농을 심문하려고 그를 병원으로 가지 못하게 하고 워싱턴의 호텔에 8일 동안 머무르게 했다는 것이다.(사실 CIA는 파농이 미국으로 오는 데 깊이 관여했다.) 메릴랜드 주 베데스다의 미국 국립보건원에 도착할 무렵, 그의 병은 이미 말기에 이르고 있었다. 그는 결국 수혈을 받아야 했다. 혈액세포의 복원을 위한 필사적인 시도였지만, 이미 너무 늦은 상황이었다. 마지막 순간에 파농은 이후 전 세계 혁명가들에게 가장 중요한 책이 될 《대지의 저주받은 사람들》의 첫 번째 서평을 봤다.

1961년 12월 6일, 파농은 양측 폐렴으로 세상을 떠났다. 그때 그의 나이 36세였다. 란츠만은 이렇게 말하고 있다.

파농은 매 순간 죽음과 더불어 살았지만 맹렬하게 죽음에 항거했다. 그의 과민한 저돌성은 죽어 가는 한 남자의 환상으로 위안을 찾았다. 그는 미국 인종주의자들을 싫어했고 병원 직원들을 불신했다.(Macey 2000 : 490-1, 재인용)

파농의 주검은 그가 열정적으로 분석하고 기록했던 혁명의 나라 알제리로 몰래 반입되었고, 알제리 민족해방전선의 공동묘지에 매장되었다. 1962년 7월 3일, 파농이 죽은 지 몇 달 후 알제리는 독립했다.

파농에 대한 최초의 자세한 전기는 1970년대에 나왔고(Caute 1970, Geismer 1971, Gendzier 1973), 같은 시기에 비평집이 출판되었다. 파농이 예견했던 것처럼 1980년대 후반 알제리인들이 서로 배신하는 것을 지켜본 조시 파농은 친구 아시아 제바르(한때 파농의 동료였고 현재 유명한 소설가이자 영화제작자)와의 통화에서 슬픔에 잠겨 이렇게 외쳤다고 한다. "이전 상태로 되돌아간 대지의 저주받은 사람들!" 조시 파농은 1989년 자살했다. 1987년 마르티니크 섬에서 파농을 기리는 '프란츠 파농 문학상Prix Frantz Fanon'이 제정되었다.

정신의학자와 혁명가, 두 개의 삶

파농의 삶은 두 개의 핵심 배경, 즉 의사로서의 활동과 혁명 세력의 적극
적인 구성원으로서 수행한 활동으로 나눠 볼 수 있다. 그의 글들에서 보
았다시피, 이 두 배경은 식민 지배(특히 식민지 생체의학biomedicine), 식
민 주체의 정신(특히 종속 콤플렉스dependency complex와 폭력 성향),
반식민 투쟁의 본질, 그리고 민족주의 내부의 갈등과 역학 관계를 말해
준다.

제 2 장

영향과 개입

Frantz
Fanon

| 파농이 받은 영향들 |

파농은 매우 다방면에 관심을 보인 사상가였다. 우리가 알고 있듯이, 그는 어린 시절 왕성하게 책을 읽었고, 의대 학생 및 정신의학자로서 전공한 학문 분야보다 철학 분야 책을 더 많이 읽었다. 이 장은 프랑스 실존주의 철학자이자 소설가인 사르트르(1905~80)에서 세자르(1913~2008)를 거쳐, 정신분석학의 창시자인 프로이트(1856~1939), 프랑스 정신분석학자 라캉(1901~81)에 이르는 파농의 지적 계보를 추적하면서 그가 받은 영향의 본질을 보여 준다.

　파농이 공개적으로 인정한 세자르 말고도, 마르크스주의를 통한 사르트르의 실존적 현상학, 마르크스주의와 라캉 정신분석학을 거쳐 마노니와 세자르에 이르기까지 많은 이들이 파농의 사상에 영향을 끼쳤다. 캐나다의 사회학자 우도 크라우트버스트Udo Krautwurst(2003)는 식민주의, 식민 주체, 주체성에 대한 파농의 정의가 포스트구조주의자들의 개념과 얼마나 놀라울 정도로 유사한지를 보여 주고자 했다. 그래서 식민주의자들이 "식민 체제"(Les Damnés : 2)로부터 그들의 "정당성"을 획득한다는 파농의 단언을, 식민 담론이 원주민과 식민 지배자와 같은 주체를 구성한다는 주장으로 이해한다. 또한 그렇게 설득력이 있다고 말할 수는 없으나, 이슬람의 영향 혹은 전통을 분명하게 언급하지 않는 다른 이론가들과 달리 파농의 혁명 이론에 담긴 다양한 요소가 이슬람의 반식민 투쟁 전통에서 나왔다고 주장한다.(다음을 볼 것. Slisli 2008)

다방면에 걸친 지적 예민함을 갖춘 파농은 항상 다른 사상가들에 대한 해석에서 급진적이었고, 이들 모두 혹은 누군가를 비판하는 것을 망설이지 않았다. 정신의학 훈련이라는 물질적인 조건에 근거하여 철학적 고찰을 시도한 그에게는 마르티니크 섬과 알제리, 병원 생활이 지속적으로 '실천' 내에 '이론'을 위치시키도록 만들었다. 심리적 문제를 가진 흑인 환자와의 만남으로 이른바 보편적인 오이디푸스 콤플렉스를 다루는 프로이트 이론에 질문을 던질 수 있었던 것처럼, 가까운 곳에서 그리고 참여 활동가로서 알제리 민족해방전선과 반식민 투쟁을 관찰한 것은 그로 하여금 민족주의와 탈식민화 문제들을 충분히 고찰하게 했다. 파농의 작업을 "사회적 정신의학social psychiatry"(Bulhan 1985)으로 설명하는 것은, 정신분석 '이론'을 실천 안에 구체화시킨 그 작업의 특수성을 드러낸다. 이러한 실천에서 파농은 어디까지나 흑인 혹은 피식민지인의 사회적·물질적 상황에 근거하여 정신분석 조건을 분석하고자 했다.

여기서 명심해야 할 것은, 파농은 결코 어떤 철학 사상 혹은 사상가도 무비판적으로 받아들이지 않았다는 점이다. 그는 사르트르의 '이성적 정체성rational identity' 개념을 전유하지만, 사르트르를 비판한다. 마찬가지로 세자르를 존경하고 그의 네그리튀드가 즉시 (혹은 단기적으로) 필요하다는 점을 수용하지만, 세자르와 그의 네그리튀드가 갖는 특수한 요소들, 특히 그 장기적 영향은 거부한다. 바로 이 점이 '파농이 받은 영향'을 쉽게 논하기 어려운 이유이다. 다시 말해, 파농은 사상가들의 여러 사상을 전유하면서도 그들의 단점과 정치학을 비난하고 그 사상을 완전히 다른 영역으로 확장시키는 비판적 개입을 서슴지 않았다. 그래서 사르트르에 대한 이해도 사르트르의 실존주의와 실존적 정체성에 대한 논쟁에서 출발하지만, 이를 차이가 인정되고 존중되는 그리고 백인과 흑인을 초월하는 새로운 휴머니즘의 토대가 되는 실존적 윤리를 진전시키는 쪽으로 확장시킨다. 세자르에 대한 개입에서는 네그리튀드와 그 문화민족주의를 수용하되, 그것은 단지 반식민 투쟁의 초기 단계일 수밖에 없음을 제시한다. 정신분석학에서는 정신병과 열등 콤플렉스inferiority complex라는 개념으로 개입하지만, 이것은 개인적 조건이 아니라고 주장한다. 흑인의 경우, 콤플렉스와 질환은 개인의 정신이 아닌 사회적·경제적 맥락에 뿌리를 두고 있기 때문에 정신분석학이 이러한 문제를 완전하게 설명하지 못한다고 주장한다.

이 장은 다음과 같이 그의 연구에 영향을 끼친 네 가지 핵심 사항을 파농이 어떻게 전유했는지에 초점을 둔다.

- 에이메 세자르와 네그리튀드
- 마르크스주의
- 사르트르와 실존주의
- 정신분석학

| 에이메 세자르와 네그리튀드 |

세자르의 영향은 파농의 저서 전체에 걸쳐 나타난다. 《검은 피부, 하얀 가면》 서문에 담긴 제사epigraph에서 파농은 세자르의 영향에 경의를 표한다. "나는 지금 공포, 열등 콤플렉스, 두려움, 굴종, 절망, 결여를 교묘하게 주입당했던 수많은 사람들에 대해 이야기하고 있다."《검은 피부, 하얀 가면》 1쪽에 있는 세자르의 《식민주의에 대한 담론Discours sur le colonialisme》 발췌 글) 이후 같은 책에서 파농은 다음과 같이 단정한다. "에이메 세자르가 등장한 후에야 네그리튀드가 수용되고 그 주장이 인지되기 시작했다."(118)

《검은 피부, 하얀 가면》에서 나치 독일에 의한 유럽의 식민화와 흡사한 상황을 언급하며, 파농은 히틀러가 아랍인들과 인도 막노동꾼들coolies, 미국 흑인들에게 과거 유럽 식민주의자들이 사용했던 행위들을 어떻게 적용했는지를 설명한 세자르의 《식민주의에 대한 담론》 내용을 인용한다. 〈인종주의와 문화〉에서 나치가 행한 유럽 집단의 "노예화"를 "유럽 핵심부에서의 식민 체제의 시행"으로 언급한 것이다.(Africaine : 33) 이처럼 직접 상기하고 인용하는 부분 말고도, 파농의 몇몇 주장에서 세자르가 끼친 영향을 확인할 수 있다.

사실 《검은 피부, 하얀 가면》은 파농이 세자르에게 받은 영향을 단적으로 보여 주는 저서이고, 세자르의 1939년 시집 《귀향 수첩》의 다시쓰기로 해석되기도 한다.(Wilder 2004 : 39) 파농은 〈서인도제도인들과 아프리카인들〉(Africaine 수록)에서, 세자르가 "흑인이라는 존재가 훌륭하고 좋은 것"(Africaine : 21)이라는 것을 자신에게 처음으로 보여 준 사람이라고 말한다. 세자르가 보여 준 것처럼, 네그리튀드는 1) 흑인의 정체성과 2) 흑인의 문화 관습에 대한 자부심을 복원시키고자 했다. 종종 '흑인의식black

---

네그리튀드Négritude

네그리튀드는 아프리카 국가들의 반식민 투쟁 내부에서 일어난 문화운동이다. 이 운동은 사유, 신념과 문화 관습 등에서 토착 방식으로 귀환하자고 제창했다. 그 결과, 아프리카 특유의 신비주의, 음악과 미술에서의 토착 형식과 정신주의가 복원되었다. 이 운동의 더 큰 목적은, 흑인이라는 존재와 '흑인의식'의 회복이었다.

consciousness'이라는 용어가 등장하는 사실에서도 알 수 있듯, 네그리튀드는 아프리카의 반식민 투쟁에 중요한 도움을 주었다. 즉, 이 사상은 흑인이라는 공통의 표지 아래 아프리카의 통일을 가능하게 했고, 식민주의가 삭제한 문화 관습과 기억들을 회복시켰다. 세자르처럼 파농도 이 운동을 유용한 것으로 이해했다. 왜냐하면 네그리튀드가 식민의식으로 봉쇄된 아프리카 의식이라는 더 큰 대의에 기여할 수 있다고 믿었기 때문이다.

마찬가지로, 네그리튀드가 현재를 희생하고 과거로 회귀하는 움직임이 될 수도 있다는 불안 역시 세자르에게서 나온 것이다. 세자르는 백인에 의해 이미 왜곡된 것, 즉 식민 문화로 오염된 과거에 가치를 부여하는 것에는 회의를 보였다. 다시 말해서, 세자르는 1) 단지 이국적이지 않고, 2) 토착문화 보호주의적이지 않으며, 3) 오염되지 않은 **순수한** 토착적 과거로 회귀하는 프로젝트 전체를 의심했다.(Wilder 2004 : 41) 그리고 자신을 따르는 파농과 마찬가지로, 신화적인 황금빛 과거에 대한 모색이 결코 현재의 고통을 완화시키지 못한다고 강조했다. 토착문화 보호주의nativism로는 식민주의를 해결할 수 없다고 본 것이다.

다만, 파농은 네그리튀드가 반식민 투쟁에서 상당한 정치적 타당성을 갖고 있다고 여겼다. 〈서인도제도인들과 아프리카인들〉(Africaine 수록)에서, 파농은 〔앤틸리스 제도와 바하마 제도의〕 서인도제도인들이 네그리튀드를 통해 정치의식을 가지게 되었음을 주목했다. 이 글에서 파농은 세자르와 다른 네그리튀드 작가들이 드러낸 아프리카 문화의 찬양('리듬들')뿐만 아니라, 그 수사와 이미지들을 채택한다.(다음을 볼 것. Bernasconi 2002)(이후의 장들에서 살펴보겠지만) 파농의 네그리튀드 비판은 다음과 같은 것들을 겨냥하고 있다.

- 순수하고 단일한 문화인 것처럼 가정하는 '일반적인' 아프리카 문화 개념을 거부하면서, 네그리튀드의 본질주의를 비판한다.
- 식민 이전의 순수한 과거가 있다는 듯이 가정하는 아프리카 과거에 대한 개념을 거부하면서, 네그리튀드의 시간성temporality을 비판한다.

파농은 무엇보다도 모든 종류의 본질주의를 넘어서려는 시도로 세자르와 네그리튀드를 거부한다. 네그리튀드에 대한 파농의 거부는 (오늘날 많은 관심을 받고 있는)《대지의 저주받은 사람들》에 포함된 〈민족문화에 대하여〉라는 글에서 강력하게 표명된다.

먼저, 파농은 아프리카 혹은 흑인의 과거에만 얽매이지 않으려고 했다. 즉, "세상의 모든 과거를 되찾아야" 한다고 했다.(Peau noire : 176) 이를 통해 그는 네그리튀드의 핵심 가정들 중 하나, 즉 탈식민화는 아프리카 과거의 회복을 동반해야 한다는 가정을 거부한다. 파농은 아프리카인들이 "과거의 탑"(세자르에게서 가져온 구절, Peau noire : 176)(원래 저자는 Les Damnés : 176으로 인용 표기하고 있으나《검은 피부, 하얀 가면》에서 인용한 것이므로 수정함—옮긴이)에 "갇히는" 것을 거부해야 한다고 주장한다.

두 번째로, 파농은 자신이 독립과 존엄성을 되찾으려는 아프리카인의 투쟁뿐만 아니라 어떤 혹은 모든 억압받는 민족들을 지지하고 있음을 강조했다. 그가 저서의 제목을 '아프리카의 저주받은 사람들'이 아니라 '대지의 저주받은 사람들'이라고 한 것은 우연이 아니다. 그는 일찍이 《검은 피부, 하얀 가면》에서 다음과 같이 말했다. "인간이 정신의 존엄성의 승리에 기여할 때마다, 인간이 자신의 동포를 지배하려는 시도에 아니요라고 말할 때마다, 나는 그 행위에 연대감을 느낀다."(176)

세 번째, 파농은 흑인 **일반**the negro에 대한 네그리튀드 담론을 경계했다. 〈서인도제도인들과 아프리카인들〉에서, 그는 흑인이 존재한다는 가정을 정당화하는 어떠한 선험적인 근거도 없다(Africaine : 18)고 얘기한다. 본질적인 흑인 정체성에 대한 세자르와 네그리튀드 식의 가치 부여는 역사적·문화적 차이를 초월해 모든 흑인을 동일하게 취급하는 '블랙홀'을 초래하게 된다는 것이다.(27)

파농의 세자르 개입에서 나타나는 것은, 차이에 대한 존중, 즉 아프리카인들 간의 차이 존중에 대한 강조이다. 세자르는 통합된 아프리카 정체성과 문화민족주의의 장점을 높이 샀지만, 파농은 이에 대해 훨씬 더 신중했다. 파농은 르완다, 수단 등 다른 아프리카 국가에서 1990년대에 벌어진 외국인혐오적 인종말살을 이미 예견했다. 뿐만 아니라 문화민족주의가 '외국' 문화를 싫어하고 두려워하는 토착 전통과 문화에 과도한 자부심을 드러내는 토착문화 보호주의와 잔인한 종족중심주의tribalism

로 일탈할 가능성을 예상할 정도로 판단력이 있었다. 파농은 당시 보편화되는 경향들, 요컨대 네그리튀드의 '일반적인' 흑인 정체성 강조에서 탈피해, 힘든 과정이지만 차이를 강조하는 특수성들에 대한 존중으로 나아가는 필수적인 변화를 시도한다.

| 마르크스주의

《알제리 혁명 5년》의 마지막 장은 마르크스의 《루이 보나파르트의 브뤼메르 18일Der achtzehnte Brumaire des Louis Bonaparte》에 경의를 표하는 장이다. 다른 곳에서도 사르트르의 마르크스주의를 인용한 적이 있지만, 《검은 피부, 하얀 가면》(174)에서는 《브뤼메르 18일》을 직접 인용했다. 파농은 사회질서와 자본주의 체제를 전복시키고자 하는 혁명 계급의 이론을 발전시키기 위해 마르크스 이론을 사용했다. 이러한 요소들이 파농의 모든 글에서 눈에 띄지만, 마르크스 사상의 다른 측면에 대한 전유는 의심의 여지가 있다.

특히 (그가 개량주의적이고 나약하다고 본) 알제리공산당에 대한 태도에서 분명히 드러나듯이, 파농은 알제리와 프랑스 좌파를 다소 경멸하고 있었다. 마르크스주의에 대한 그의 부채는 항상 논쟁거리였다. 이 문제는 파농의 혼란스러운 마르크스주의 용어 사용과도 관련이 있다. 예를 들어, '농민 계급peasantry'을 '혁명 계급'으로 실명한 파농의 주상은 선 세계 마르크스수의자에게 충격을 주었다.(Wallerstein 1979 : 257-8) 그러나 파농이 설명한 '농민 계급'은 부유한 농민이 아니라 결국엔 임금노동자가 되는 가난하고 토지를 소유하지 않은 농민이었다.(Wallerstein 1979 : 258)

마르크스의 주장에 따라 파농은 알제리 사회의 계급 차별과 차이들이 식민 지배와 착취의 창조물이라고 전적으로 확신했다. 파농의 새로운 휴머니즘 자체가 마르크스주의에 뿌리를 두고 있다. 이 새로운 휴머니즘은 마르크스의 1844년 저서 《경제학철학 수고Ökonomisch-philosophische Manuskripte(Economic-Philosophic Manuscripts)》(Bernasconi 1996)를 연구한 사르트르의 《변증법적 이성 비판Critique de la raison dialectique》을 거쳐 파농에 이른 것이다. 앞의 두 책에서 사르트르와 마르크스는 혁명을 '절대적 휴머니즘positive humanism'(사르트르 용어)에 도달한 것으로 간주한다.

또한 파농은 계급투쟁이 아프리카 해방투쟁의 필수 요소이고, 농민이 진정한 혁명 계급임을 전적으로 신뢰했다. 파농은 민족 부르주아지가 식민 구조에 협력하고 있으며, 그들이 자본을 축적할 것이라고 생각했다. 이 지점에서 파농은 마르크스주의가 주장하는 프롤레타리아의 전통적인 역할을 거부한다.

그래서 파농은 지속적으로 해방투쟁과 인종화된 자본주의적 식민주의의 계급 차원을 강조하고, 룸펜프롤레타리아트 lumpenproletariat(뚜쟁이, 불량배, 실업자들)만이 진정한 혁명 계급이 된다고 보았다. 왜냐하면 서구 사상에 지나치게 열광하는 지식 계급과 달리, 룸펜프롤레타리아트 계급만이 '자발성'을 가지기 때문이다. 그래서 파농은 전통적인 프롤레타리아 범주를 거부하고, 그 대신 룸펜프롤레타리아트와 농민 계급을 진정한 혁명계급으로 파악한다.

그런데 월러스틴Wallerstein은 룸펜프롤레타리아트를 반半프롤레타리아로 정의했다. 그들은 한편으로는 임금노동에서, 다른 한편으로는 국가 실업수당 혹은 도둑질과 같은 방편으로 생활을 영위한다. 그들은 부분적으로 고용되어 있기에 더 많은 착취를 당하는 진정한 '대지의 저주받은 사람들'이다. 그래서 폭력으로 분출될 가능성이 높은 집단이다.(Wallerstein 1979 : 264-5)

| 사르트르와 실존주의 |

파농에게 지속적으로 영향을 준 것은 현상학과 실존주의였다. 포르 드 프랑스 학생 시절 그리고 이후 리옹에서 사르트르의 글을, 특히 잡지 《레 탕 모데른》에 실린 글을 광범위하게 읽었다. 리옹에서는 프랑스 현상학자 모리스 메를로 퐁티Maurice Merleau-Ponty(1908~61)의 강의에 참석하기도 했다.

사르트르는 의식의 사회적 맥락을 받아들였다. 그는 정체성의 기본으로서 체험된 경험을 강조했다. 파농은 당대의 위대한 현상학 텍스트들, 즉 메를로 퐁티의 《지각의 현상학La Phénoménologie de la Perception》과 사르트르의 저서에서 식민 상황에서의 정체성을 분석하는 데 필요한 철학적 토대를 발견했다. 흑인 피식민지인들에게는 역사가 없으며, 인간성humanness도 없다. 이것은 본질적으로 파농의 실존적인 주장이지만, 그가 '사회진단적socio-diagnostic'이라고 부른 바를 경유한 주장이다. 식민주의는 흑인성을 가진 존재 자체를 부정하며, 따라서 흑인의 실존적 정체성을 부정한다. 파농은 여기서 흑인 정체성의 발전(더 정확히 말하면, 비발전)을 분석할 유용한 체계를 발견했다. 즉, 인종주의와 식민주의의 체험된 경험으로 인해 흑인은 단지 백인의 비인정에 의해 '사물성thingness'으로 축소되는 대상으로 자신을 파악하고 경험할 뿐이라는 것이다.

사르트르는 《유대인 문제 고찰Réflexions sur la question juive[반유대주의자와 유대인Anti-Semite and Jew]》(1946[1965])에서 반유대주의자가 유대인을 **만들었다**고 주장했다. "유대인을 열등하고 간악한 존재로 취급하면서 나는 동시에 내가 엘리트에 속한다는 것을 확신한다."(Peau noire : 64, 재인용) 다시 말해서, 사르트르는 정체성을 파악하는 **상관적**relational 관점을 제안했다. 이러한 관점에서 나를 인정해 줄 타자의 존재가 나에게 필수적이 된다. 여기서 반유대주의자는 유대인을 단지 열등하게 표현함으로써 자신의 우월성을 보여줄 수 있다. 파농이 보기에 이는 식민 관계를 읽는 유용한 이론적 체계이다.

흑인이 갖는 "**타자**의 차원에 대한 이해"(8, 원문 강조)를 알 필요가 있다고 지적한 《검은 피부, 하얀 가면》의 시작 부분을 살펴보자. 더 나아가, 파농은 피식민 원주민의 정체성이 1) 주인-노예라는 식민 관계와 2) 식민 지배자의 피식민지인 구성(야만인)에 달려 있다고 지적한다. 식민 상황에서 흑인을 구성하는 사람은 바로 백인이다. 그래서 파농은 원주민의 열등 콤플렉스가 유럽인의 우월감과 "상관적"이라고 주장했다.(Peau noire : 69) 파농은 인종주의자가 "열등한 사람을 창조한다"(69)고 쓴다.

파농이 지적한 흑인의 자기증오와 자기혐오의 발견은 사르트르의 '구토nausée'(Ahluwalia 2003) 개념과 유사하다. 《검은 피부, 하얀 가면》의 유명한 장면에서, 파농은 파리의 어린아이가 그의 피부색을 가리켰을 때('보세요. 깜둥이예요.' 84), 어떻게 자신의 흑인성을 **깨닫게** 되었는지를 언급한다. "나 자신의 존재로부터 아주 멀리 벗어나 있었다."(85) "그것이 나의 검은 피가 온 육신에 흩뿌려진 절단, 절개, 출혈이 아니라면 도대체 무엇이겠는가?"(85) 아흘루왈리아Pal Ahluwalia는 파농이 여기서 "구토에 의해 궁지에 몰리고 상처를 입은 상태를 인식할 권한, 그리고 무엇보다도 그러한 조건에서 벗어날 가능성을 인식할 권한을 박탈당했다"고 주장한다.(Ahluwalia 2003 : 344-5) 아흘루왈리아는 자신의 실존적 위기를 언급한 파농의 설명이 사르트르의 구토 개념을 직접적으로 상기시키는 것으로 파악한다. 구토는 인종 정체성에 대한 자각일 뿐만 아니라 이러한 인종 정체성이 트라우마, 수치와 억압의 원천이라는 자각이다. 이러한 자각에서 발생하는 것이 강력한 자기혐오이다.

정체성의 중심이 되는 실존적 자유existential freedom라는 사르트르의 개념은 또한 네그리튀드에 대한 파농의 거부와 엮여 있다. 파농은 "자유로워지는 것"(Peau noire : 180)이 인간의 운명이라고 쓰고 있다. 네그리튀드가 본질적인 흑인 정체성을 추구하고, (흑인이 고통 받았던 노예제로 인한) 복구에 대한 논쟁들이 진행되고 있었지만, 파농은 이 두 주장을 노골적으로 거부한다. 파농은 복구를 모색하는 것은 과거와 '노예' 정체성에 영원히 사로잡히는 것이라고 주장한다. 그러나 이후 《대지의 저주받은 사람들》에서는 복구라는 문제를 분명하게 이야기해야만 했다.(7장을 볼 것) "절대적으로 존재하는" 것이 그러한 "퇴행적인 복구" 내에 자아의 정체성을 "가두는" 권리를 거부하는 것이라고 주장한다.(Peau noire : 180) 사르트르에게서 취한 급진적 자유 관념의 (실존적) 강조는 그를 네그리튀드와 세자르에게서 벗어나도록 한다. 본질적인 백인성이 없듯이, 본질적인 흑인성도 없다. 요컨대 "백인이 존재하지 않는 것처럼, 흑인도 존재하지 않는다"고 파농은 말하고 있다.(180)

사르트르는 네그리튀드가 흑인 정체성의 진화 과정상 '취약 단계'라고 지적했다. 그러면서 흑인이 백인과의 관계에서 앞으로 나아가는 '변증법적 진보'를 제안한다.(변증법은 두 용어의 이항 결합이다. 이 경우에는 '흑인과 백인'의 이항 결합이다.) 사르트르는 《흑인 오르페우스Orphée noir》(1948)에서 셍고르의 네그리튀드 시를 혁명적이라고 칭송했지만, 네그리튀드 개념 자체가 변증법적으로 백인을 긍정적인 용어로, 흑인을 부정적인 용어로 복귀시키고 있다고 썼다.(《흑인 오르페우스》는 나중에 네그리튀드를 정치적이데올로기로 내세워 독립 세네갈의 초대 대통령이 되는 레오폴 셍고르의 시집 《새로운 흑인》에 서문 형식으로 붙인 비평이다.-옮긴이) 다만,

이 '취약한 순간'은 목적이 아니라 단지 하나의 **수단**이라는 것이다. 네그리튀드는 그 자체를 파기하면서 인종주의의 종식이라는 대의에 기여해야만 한다. 그런데 사르트르가 반인종주의적 합에 도달하는 경로로서 제안한 이 변증법은, 결과적으로 흑인보다 백인이 우월하다는 위계질서를 강화시키고 있지 않은가.

파농은 《검은 피부, 하얀 가면》에서 상당한 공포와 분노로 이 주장에 대응했다. 그는 네그리튀드 시에는 어떠한 혁명적 여지도 없다고 생각했다. 혁명적이라기보다는 오히려 네그리튀드 시는 그 자체를 이국적 상품으로 바꾸면서 "낡아빠진" 과거를 찬양하고 있다. 파농은 "이국적인 진부한 추구"로서 사르트르의 원주민 혹은 흑인문화에 대한 재건을 거부했다.(Les Damnés : 158)

변증법 용어가 지닌 위계적 성격에 의구심을 느낀 파농은, 사르트르 변증법에서 '흑인'이 이류 용어로 사용되는 것을 보고 "(흑인은) 마지막 기회를 **빼앗겼다**"고 애석해 했다.(Peau noire : 102, 106) 사르트르의 관점이 불러일으킨 분노에도 불구하고, 파농은 《검은 피부, 하얀 가면》의 끝 부분에서 네그리튀드의 반인종주의적 인종주의의 부적절함을 이해하는 모습을 보인다. 그래서 네그리튀드 안에서 과거가 격상되는 것을 거부했고, 이는 사실상 사르트르의 사고방식에 동조하는 것이 되었다.

사르트르의 실존적 윤리도 파농에게 영향을 끼쳤다.(Haddour 2005) 사르트르는 **차이**의 윤리에 근거한 국민-국가 내에서의 동화를 모색했는데, 이 경우 차이는 존중된다. 즉, 국민-국가에서 흑인, 유대인과 백인은 각자의 차이를 **유지하면서** 공존할 수 있다. 사르트르의 제안에서 국민-국가는 차이를 존중한다. 이러한 사고방식, 즉 차이의 존중과 차이의 윤리는 파농이 네그리튀드와 세자르 비판에서 유지하는 바이기도 하다.

파농은 사르트르의 윤리를 가져다가 차이의 윤리에 근거한 새로운 휴머니즘을 만든다. 유대인이 차이에 대한 진정한 개방 없이는 동화될 수 없는 것처럼, 흑인도 비록 그 정체성이 '다르다' 할지라도 먼저 자신의 실존적 정체성을 허용하지 않고서는 통합될 수 없다. 영국의 프랑스문학 전문가 하두Azzedine Haddour는 파농의 휴머니즘이 18세기 계몽주의로부터 물려받은 서구 휴머니즘, 식민주의에 연루된 휴머니즘이 **아니다**라고 말한다. 파농의 휴머니즘은 네그리튀드의 본질주의를 고무시키지도 않는다.(Haddour 2005 : 300)

파농은 "갑자기 나는 세상에 내가 있음을 발견하고, 내가 단지 하나의 권리, 즉 타자에게 인간적인 행위를 요구할 권리만을 가지고 있음을 알게 된다."(Peau noire : 179) 종종 '주체성'으로 이야기되는 자아의식은 전적으로 자아에 종속되는 것이 아니다. 개인은 다른 자아들과의 관계 속에서만 자아의식을 발전시킨다. 나는 내가 당신이 **아니기** 때문에 존재하고, 당신과 다른 나의 **차이**로 인해 존재한다. 그래서 '나'라는 의식을 가지려면 '당신'이 필요하다. 당신은 나를 인정해야만 하고, 내가 다르다는 것을 인정해야만 한다. 바로 이러한 가운데 나의 자아의식이 있다. 다시 말해, 파농이 사르트르를 따르며 제안한 것처럼, 그리고 실존주의자들이 알아낸 것처럼, 주체성은 **상호주체성**

intersubjectivity이다. 파농의 실존적 휴머니즘은 차이에 근거한 보편주의, 그리고 식민 지배자와 피식민지인들 양쪽의 상호 인정과 탈식민화라는 (아마도 유토피아적인) 이상을 장려하는 것이다.

파농이 피식민지인의 주체성과 정체성을 획득할 행위성을 가진 행위agential act로서 폭력을 옹호하는 입장도 사르트르에게서 나왔다. 사르트르는 (《변증법적 이성 비판》에서) 사람들이 사회의 체험된 실재들로부터 소외감을 느껴 왔기 때문에 폭력이 발생한다고 주장했다. 사르트르는 파농의 《대지의 저주받은 사람들》에 붙인 서문 끝 무렵에서, 억압받는 사람들과 경멸당하는 사람들 편에서 행위성을 가진 행위act of agency로서 폭력을 제시했다. 닐 로버츠Neil Roberts(2004)가 주목하듯이, 이는 파농이 폭력에 대해 취한 입장과 동일하다. 바로 주체성이 없다는 이유로 피식민지인들을 비인간적으로 다루는 식민주의가, 원주민이 주체성을 회복하는 수단으로서 폭력을 행사하도록 몰아붙이고 있는 것이다.

| 정신분석학 |

파농은 피식민지인들의 추정된 열등 콤플렉스, 폭력과 신경증을 설명하는 데 정신분석학을 효과적으로 활용했다. 프로이트, 스위스 정신분석학자 카를 구스타프 융C. G. Jung(1875~1961), 오스트리아 의사 알프레드 아들러Alfred Adler(1870~1937), 프랑

스 정신분석학자 옥타브 마노니Octave Mannoni(1899~1989)와 라
캉 등은 파농의 저서에서 중요하다. 그러나 이들은 또한 비판적
으로 면밀하게 검토되는 대상이기도 하다.

프로이트는 신경증이 어린 시절 1) 근친상간적 환상, 2) 오이
디푸스 콤플렉스, 3) 성적 학대에서 발생한다고 주장했다.

그래서 프로이트 정신분석학 이론은 신경증과 트라우마의 원
인을 **개인** 내부에서 찾는다. 프로이트는 모든 신경증을 **가족** 내
부에 위치시키기도 한다. 파농은 이러한 트라우마의 개인화라
는 점에서 프로이트에 이의를 제기한다.

파농은 프로이트가 모든 정신질환을 **개인의** 정신에 위치시킨
다고 보았다. 전통적인 (유럽의) 정신분석학은 **흑인**의 상황과 열
등 콤플렉스를 설명하는 데에 적절하지 않다. 즉, "흑인의 소
외는 개인의 문제가 아니다."(Peau noire : 4) 파농은 의식적으로 정
신질환과 정신 치료를 사회적·경제적 맥락에 위치시킨다. 그가
'사회-진단적'이라고 부르는 것은 이러한 맥락을 설명하고자 재

오이디푸스 콤플렉스Oedipus complex
오이디푸스 콤플렉스는 아버지를 증오하는 결과를 초래하는 남자아이의 어머
니에 대한 사랑을 설명하는 프로이트의 유명한 이론화이다. 여기서 아이는 아
버지를 어머니에 대한 사랑의 경쟁자로 간주한다. 오이디푸스 콤플렉스는 자
기가 처한 관계의 진정한 본질을 알지 못한 채 어머니인 이오카스테와 결혼한
주인공 오이디푸스를 그린 소포클레스Sophcles의 그리스 연극에서 유래했다.

구성한 정신분석적 체계이다. 파농은 신경증과 정신병이 흑인을 소외시키는 사회적 조건들에서 진행되기 때문에, "흑인들에게 정신병이 전혀 없다"(43)고 분명하게 주장할 수가 있는 것이다. 뿐만 아니라, 흑인이 카타르시스에 이르는 방법도 없다. 왜냐하면 흑인은 1) 식민주의 내에서 어떠한 주체성도 거부되며, 2) 백인들이 만든 자기 이미지에 동화되기 때문이다.

파농은 간단하게 오이디푸스 콤플렉스라는 정신분석적 체계를 거부한다. 《검은 피부, 하얀 가면》의 각주에서, 파농은 오이디푸스 콤플렉스에 대해 "풍부"하게 이야기하는 라캉을 "라캉 박사"라 부르며 그와 자신의 견해 차이를 적고 있다.(117, fn 14) 파농이 훌륭하게 지적했다시피, 앤틸리스〔파농이 태어난 마르티니크 섬은 카리브 해 앤틸리스 제도에 있다.〕 가족의 97퍼센트는 어떠한 오이디푸스 콤플렉스도 드러내지 않는다. 개인의 정신과 가치가 민족 및 가족과 밀접하게 결합되어 있는 아프리카에서는 오이디푸스 콤플렉스가 이론적으로 타당하지 않다. 또다시 파농은 개인의 정신에서 사회 영역으로 논점을 전환시킨다. 아프리카의 경우 (프로이트가 훌륭하게 제안한) 오이디푸스 콤플렉스는 가족적인 것이 아닌 사회적인 것에 뿌리를 두고 있다.

파농이 생각하는 정신분석의 또 다른 문제는 《검은 피부, 하얀 가면》에 실린 마노니의 정신분석학, 즉 그의 저서 《프로스페로와 칼리반 : 식민화의 심리학》(1950년, 영어 번역판은 1964년)에 기술된 정신분석학을 비판하는 데에서 드러난다. 마노니는 식민적 만남에서 흑인들이 갖게 되는 '종속 콤플렉스'를 아주 능숙하게 이론화했다. 마노니는 다음과 같이 주장했다.

1. 식민 상황은 문명인과 야만인 간의 만남으로서 해석될 수 있다.
2. 개인이 더 큰 집단 내부에 있는 소수 집단에 속할 때, 그의 피부색에 근거한 열등 콤플렉스는 자연스러운 것이다.
3. 열등의식을 가진 흑인은 백인과의 종속 관계 속으로 들어갈 때 비로소 안정감을 느낀다.

파농은 이 같은 인종에 대한 (백인의) 정신분석적 읽기에 체계적으로 대응한다. 그는 아프리카에서 백인은 수적으로 소수자(30만 명의 마르티니크 흑인 대 200명의 백인)이지만, 자신들을 열등하게 여기지 않는 점에 주목했다. 오히려 200명의 백인이 자신들을 다수자보다 더 우월하게 여기고 있다.(Peau noire : 68) 즉, 식민 상황에서 흑인은 자신의 가치와 존엄, 자아를 박탈당하고 있다. 흑인은 "기생충", "원초적인 짐승", "걸어 다니는 퇴비 더미"(73)로 축소되었다. 원주민의 모든 "심리적 메커니즘"은 파괴되었다.(72) 그저 백인이 권위를 가진 사회적·정치적 (그리고 심리적인 것이 아닌) 위치에서 행동한다.

그래서 파농은 마노니가 주장한 인성 유형personality type(원주민의 '종속적' 유형과 유럽인의 '권위적' 유형)을 거부한다. 마노니의 분석이 제시하듯, 종속 콤플렉스와 열등 콤플렉스는 흑인의 정신 형성 자체에 존재하는 어떤 결함에서 비롯된 결과가 아니다. 백인은 본질적으로 우월하고 흑인은 본질적으로 종속적이기 때문이 아니라, 식민 상황이 위협과 폭력을 통해 이러한 관계를 창조하기 때문에 흑인이 백인을 우러러 보는 것이다. 이러한 유형과 콤플렉스는 식민적 맥락에서 인종의 불평등 때문에 출현한다. 그것들은 식민화로 인한 흑인 삶의 끔찍한 경제적·정치적·사회적 맥락들에서 등장한다. 앞서 인종과 심리학에 대해 살펴본 것처럼, 파농은 흑인이 앓는 정신병들의 물질적 토대를 보여 주는 데 대단히 열정적이었다.

마노니는 이 같은 '종속' 주장을 펴면서, 1947년 반란을 흑인들에게 발생한 심리적 붕괴의 결과로 분석했다. 즉, 신뢰했던 백인 주인들이 자신을 버렸다고 느낀 흑인들이 폭력을 행사했다는 것이다. 마노니는 이것을 '유치한 분노'라고 묘사했다. 파농은 모든 폭력을 아프리카인의 인성에 내재하는 본질적인 것으로 간주하는 이러한 해석에 문제를 제기했다. 반란은 오히려 아프리카인의 자아의식을 체계적으로 손상시킨 결과, 민족주의 고양의 결과, 그리고 인종 관계의 불평등한 본질에 대한 점진적 인식의 결과였다는 것이다.

다른 심리적 해석에서, 마노니는 원주민 흑인이 총에 대한 꿈을 꿀 때 그 총은 본질적으로 남근 이미지라고 주장했다. 파농은 이 같은 단순한 상징 해석에 분개했다. 협박이 매우 실제적일 때, 사람은 상징적 의미만을 생각하지 않는다. (꿈에서) 피식민지인이 들고 있는 총은 프로이트적 상징이거나 남근 메타포가 아니다. 그 총은 그가 꿈꾸는 **진짜** 총이고, 흑인의 신체에 손상을 줄 수 있는 총이다.(Peau noire : 79) 이렇게 실제적인 것을 망각하고 복잡한 상징적 의미 속에 사로잡힐 필요는 없는 것이다.

파농은 '유색인과 백인 여성'이라는 글에서 백인 여성에 대한 흑인 남성의 악명 높은(이라고 말해지는) 욕망을 정신분석적 방식이 아닌 사회적 방식으로 읽어 낸다. 자신의 문화와 자아로부터 소외된 흑인 남성은 백인 남성의 시각으로 자신을 바라본다. 그는 흑인 남성이 아닌 똑같은 **백인 남성**으로서 백인 남성의 인정을 갈망한다.(Peau noire : 45) 백인으로서 인정받고자 하는 욕망은 흑인 남성으로 하여금 백인 여성을 통해 이러한 인정을 획득하게끔 한다. 그래서 흑인 남성은 "백인문화, 백인의 아름다움, 백인의 백인성과 결혼하고자"(45) 노력한다. 흑인이 욕망하는 것은 여성 그 자체가 아니라 "백인문명과 존엄성"(45)이다. 즉, 파농의 젠더화된 이해에서 백인 여성은 목적에 이르는 수단, 백인이 되고자 하는 목적으로 나아가려는 수단이 된다.

이처럼 파농의 식민주의 비판은 정신분석적으로 함축된 의미들을 담고 있다. 파농은 정신분석적 체계 안에서 흑인 피식민지인이 백인의 욕망과 편집증을 내면화하고 있다고 주장할 수 있었다. 흑인들은 어떤 '집단무의식'(파농의 분석에서 융도 중요하다.) 형태를 가지지만, 이 무의식은 흑인의 억압된 욕망뿐 아니라 백인의 억압된 욕망의 저장소가 된다. 흑인에 대한 유럽인들의 억압된 욕망은 흑인들에 의해 이중적으로 억압되어야만 한다. 왜냐하면 흑인들이 백인의 관점을 내면화하고 있기 때문이다.

파농은 사회적인 것에 앞서 무의식 혹은 개인의 정신에 특권을 부여하는 것을 거부한다. 그래서 《대지의 저주받은 사람들》

에서 정신분석적 체계를 유지하면서도 분석 토대를 더 정치적인 수준으로 이동시킨다. 이러한 경향은 의식을 논의할 때에도 마찬가지다. 정신분석학은 기껏해야 정신적 문제에 대한 부분적인 설명만을 제공한다. 파농은 정신분석학이 단지 개인의 정신에만 관심을 두고 있다고 이야기한다. 그런데 아프리카인과 피식민지인의 정신질환과 신경증의 근원은 결코 개인적인 것이 아니다. 이러한 질환은 식민주의라는 억압과 소외의 조건들로 인해 사회적으로 유발되는 병이다. 비평가들이 주장하듯이, 파농은 정신분석적인 것에서 정치적인 것으로, 그리고 그 반대로의 지속적인 움직임을 보인다.(McCullough 1983 ; Lebeau 1998 ; Hook 2005)

파농은 종속 콤플렉스의 물질적 결과들, 요컨대 식민 주체들에게 나타나는 질병과 폭력의 구조를 인식하고, 이로써 마노니가 주장하는 흑인의 내재적 종속적 본질이라는 위험한 본질주의에서 벗어난다. 파농은 식민 주체가 행사하는 폭력의 본질을 식민주의의 사회적·물질적·심리적 조건들에서 유래한 것으로 이론화한 최초의 인물 중 한 명이다. 데릭 후크Derek Hook가 언급한 대로, 파농의 심리학은 "심리적 행위의 영역을 구체적이고 물질적인 결과의 세계와 연결시킨다".(Hook 2005 : 482)

이번 장에서는 파농의 복잡한 연구와 사상을 구성하는 핵심적인 네 가지 지적 기원을 밝혔다. 세자르의 네그리튀드 사상과 흑인문화에 담긴 흑인의 자부심은 파농에게 필수적이면서도 위험하다는 인상을 주었다. '필수적'이라는 의미는, 그것이 식민 지배자의 문화로 약화되고 심지어 말살된 문화적 전통을 회복시키는 데 기여하기 때문이다. '위험하다'는 것은, 결코 존재하지 않는 '순수한' 아프리카의 과거를 모색하는 것이 본질주의적이라고 보았기 때문이다. 다시 말해, 파농의 관점에서 이러한 본질주의는 외국인혐오적인 민족주의를 초래하기 때문이다. 파농은 마르크스주의의 계급투쟁 개념을 조정한다. 그는 알제리 사회의 계급 차별과 차이를 식민 지배의 구조와 과정의 결과로 본다. 파농이 보기에 반식민 투쟁의 중심이 되는 진정한 혁명 계급은 농민 계급 조직이다. 파농은 민족 부르주아지가 식민 구조에 협력한다고 보았기 때문에 혁명 투쟁에서 농민 계급이 차지하는 중요성을 강조했다.

사르트르의 현상학과 실존주의 사상에 개입하면서, 파농은 식민 주체의 정신을 다루는 이론을 정교하게 조직한다. 파농은 식민주의가 흑인의 존재 자체를 거부하며, 그 결과 흑인은 어떠한 실존적 정체성도 갖지 못했다고 강조한다. 인종주의와 식민주의의 체험된 경험으로 인해 흑인은 자신을 결코 완전한 의식 혹은 존재로 인식하지 못하게 되었다. 단지 백인의 비인정에 의해 '사물성'으로 축소된 대상으로서 자기 자신을 파악하고 경험할 뿐이다. 주체성(혹은 자아)은 사회의 다른 자아들, 다른 개인들과의 관계 속에서만 성장하기 때문에, 흑인을 비인정하는 식민주의에서는 흑인이 확실한 주체성으로 성장할 수 없다.

마지막으로 정신분석학 개념들을 식민 상황에 맞게 조정하면서, 파농은 유명한 '종속 콤플렉스'(마노니가 대중화시킨 피식민지 인종에 대한 이론)가 흑인 정신이 아닌 식민 상황의 산물이라고 주장했다. 무력한 흑인 피식민지인들은 백인의 욕망과 공포를 내면화한다. 흑인은 백인의 시각을 통해 자신을 바라본다. 아프리카인의 정신질환과 신경증은, 개인이 아니라 식민 지배 하에서 흑인이 겪은 끔찍한 삶에 그 근원이 있다. 그래서 파농은 아프리카인의 정신질환 문제에서 (그의 용어인) '사회-진단적 방식'을 옹호하며, 이로써 정신분석학의 개인중심적 이론을 대체했다.

제 3 장

식민주의, 인종, 원주민의 정신

Frantz Fanon

도미니카 소설가 진 리스Jean Rhys(1890~1979)가 영국문학의 고전인 샬럿 브론테Charlotte Brontë의 《제인 에어Jane Eyre》(1847)를 다시 쓴 소설이 《광막한 사르가소 바다Wild Sargasso Sea》이다. 이 소설에서 앙투아네트Antoinette는 자신의 인종 정체성 때문에 남편에게 거부당한다. 그녀는 혼혈인 크레올인이다.(저자인 리스도 아버지는 웨일즈 출신 백인이고, 어머니는 크레올인이다.) 그들의 결혼 생활이 붕괴되면서, 앙투아네트는 자신이 소외된 것을 알고 결국 미치게 된다.

리스의 소설은 점진적인 몰락을 그린다. 즉, 혼혈 유산을 가진 주인공의 이국적인 매력에서 시작하여 인종을 의식하는 식민 사회가 이 주인공을 어떻게 궁극적인 굴욕으로 몰락시키는지를 보여 준다. 《광막한 사르가소 바다》는 식민 지배의 끔찍한 결과, 즉 피식민지인의 광기를 다루는 전형적인 텍스트이다. 대학 졸업 후 정신과 의사와 사회 이론가로 활동하고 있던 파농을 상당 기간 동안 사로잡았던 것도 바로 이러한 식민 지배의 결과이다.

이 장은 '인종 만남'과 관련한 파농의 정신분석학과 관심사를 검토한다.

- 인종, 식민주의와 정체성
- 흑인의 열등 콤플렉스와 인종
- 종속 콤플렉스
- '정신질환'과 식민적 정신의학

파농의 정신분석학은 흑인 정신의 무의식적 충동과 본능을 단순하게 파악하지 않는다. 파농의 초점은 항상 정신질환이 만들어지는 사회 조건들에 맞춰진다. 《검은 피부, 하얀 가면》에서 파농은 식민 환경으로 만들어진 "콤플렉스의 창고"를 이야기한다.(19) 식민주의는 식민 지배자와 피식민지인 양쪽에 엄청난 정신적 장애를 가져오는, 내재적으로 "정신 병리적" 정책이다.(Vaughan 1993 : 47) 파농은 정신과 의사로서 알제리 환자들을 만나고 치료하면서 이러한 결론에 도달한다. 그래서 그의 저서는 환자들의 예로 가득 차 있고, 각종 병력case history이 주장의 근거로 인용된다.

무의식 혹은 충동의 역할을 인정한 파농은, 정신분석적 해석만이 흑인의 열등 콤플렉스를 드러낼 수 있다고 확신했다.(Peau noire : 3) 그러나 한편으로는 프로이트와 융, 아들러, 마노니와 라 캉을 비판하며, 서구 정신의학과 정신분석 패러다임이 아프리카 문화 혹은 개인들에게 편안하게 적용되지 않는다는 점도 인정했다. 그는 신경증, 정신질환 혹은 공격성이 단순한 심리적 요인보다는 사회적 요인들과 맥락들에서 유발된다는 것을 확고하게 믿었다.(Peau noire : 4) 파농은 **심리적인 것**의 뿌리를 **물질적 맥락**에서 찾았다. 오이디푸스 콤플렉스의 해석 체계 자체가 유럽-미국적이기 때문에 흑인들이 보이는 신경증, 공격성 혹은 정신질환들은 오이디푸스 콤플렉스의 결과로 볼 수 없다. 파농은 프랑스령 앤틸리스에 거주하는 가족 중 97퍼센트는 단 하나의 오이디푸스 신경증도 드러내지 않을 것이라고 확신했다.(Peau noire : 117)

인종 만남을 다루는 정신분석학에 파농이 기여한 바는, 앤틸리스인이 보이는 "모든 신경증, 모든 비정상적 징후"가 그가 말한 (인종화된) 문화적 상황의 결과였다는 주장을 정교화시킨 데에 있다.(Peau noire : 117-18) 이것이 바로 인간 심리학은 문화적·사회-역사적 맥락에 깊은 토대를 두어야 한다고 주장하는 파농의 "사회적 정신의학"(Bulhan 1985)이다.

| 인종, 식민주의와 정체성 |

정신분석학은 파농이 식민 상황에서 흑인이 갖는 정체성 이론을 세심하게 구성하는 데 도움을 주었다. 이와 관련하여 파농은 다음과 같이 주장했다.

- 모든 정체성은 상관적이며, 이러한 상황에서 자아는 타자the Other 혹은 또 다른 타자들과의 관계 속에서만 자신의 정체성을 이해할 수 있다.
- 식민적 맥락에서 흑인은 자신을 백인의 혹은 백인에 대한 부정적인 것으로만 간주한다.
- 백인이 전형이고, 흑인은 이 전형으로부터의 일탈이다.
- 흑인은 백인이 흑인을 대상으로만 간주하기 때문에 자아에 대한 의식 없이 자기 자신을 대상으로만 간주한다.
- 단순한 대상이 되는 조건에서 벗어나고자, 흑인은 백인이 **되는** 것을 모색한다. 즉, 흑인은 백인으로부터의 인정을 갈망한다.
- 그래서 식민 상황에서 흑인에게는 자기인정self-recognition, 자기인식self-awareness이 없다.

파농의 출발점은, 흑인은 백인에게 단지 타자the other(Other과 구별되는 소문자 'o'로 된 타자)일 뿐이라는 개념이다.(the Other, the other 모두 '타자'로 번역한다. 저자는 백인을 지칭하는 흑인의 타자를 the Other, 흑인을 가리키는 백인의 타자를 the other로 구분하여 표기했다.—옮긴이) 자아Self가 부정된 자아성selfhood이라는 조건은 흑인을 인간이 아닌 **대상**으로 축소시킨다.(Peau noire : 82) 흑인에게 자신의 자아는 단지 "다른 대상들 가운데"(82) 하나일 뿐이다.

물론 흑인은 백인이 될 수 없지만, 백인**처럼** 지속적으로 백인에게 자신을 확인받고자 노력하기 때문에 정체성이 없다.

파농은 〈흑인과 헤겔〉에서, 인간은 타자의 승인하는 응시gaze를 통해 자아의식 혹은 자기가치를 획득한다고 지적한다. 모든 자아는 나는 당신을 보고 당신은 나를 본다와 같은 상호 응시 속에서 자아의식을 만들고자 시도한다. 그러나 식민주의에서는 이 응시가 부재하거나 거부되기 때문에 갈등이 발생한다.

백인은 흑인에게 승인받고자 노력하지 않는다. 그 대신에 흑인과 마주했을 때 식인종, 강간범, 살인자라는 흑인에 대한 환상 혹은 이미지가 개입하기 때문에 흑인에게서 위협받는 자신의 정체성을 발견한다. "**강간**을 말하는 사람은 누구든지 **흑인**을 말한다."(Peau noire : 127, 강조 원본) 이러한 환상은 흑인에 대한 그리고 흑인을 둘러싼 백인종의 집단무의식이다.(백인 여성의 눈에 흑인 남성은 억제할 수 없는 성욕sexuality을 나타낸다. 즉, 파농이 파악하듯 흑인은 생물학과 남근을 상징한다.)(Peau noire : 128) 백인에게는 흑인 남성이 성욕으로 **축소될** 수 있는 것이다. 흑인과 마주쳤을 때 백인의 생각은 아시아와 아프리카에 대한 그들의 수많은 식민적 글쓰기들이 다룬 주제와 같이, 모든 흑인종의 억제할 수 없는 성욕에 대한 생각으로 넘어간다.

그래서 영국 소설가 에드워드 모건 포스터E. M. Foster(1879~1970)가 쓴 포스트식민 연구의 전형적인 텍스트인 《인도로 가는 길Passage to India》(1924)에서 언급된 아델라 퀘스테드Adela Quested의 '강간'은 성욕 과잉인 흑인 혹은 황인 남성이 백인 여성을 강간하는 것에 대한 19세기 식민지의 불안을 상기시킨다.(이에 대한 연구는 다음을 볼 것. Jenny Sharpe 1993 ; Nacy Paxton 1999) 영국 여성이 정조를 잃고 학대를 당했다고 추정되면서, 찬드라포르 Chandrapore라는 작은 인도 마을의 영국인 공동체는 엄청난 소란에 휩싸인다. 이 '행위'는 영국적 상상력에서 대영제국과 영국 자체의 치욕을 가리키는 제유synecdoche의 역할을 하는 것이다.

영국 소설가 폴 스콧Paul Scott의 대작 《라지 사중주The Raj Quartet》에서도 폭력(주로 인도인에 대한 영국 경찰의 보복 형태)을 유발하는 익명의 인도 남성에 의한 백인 여성 강간이 반복된다. 그리고 영국계 로디지아〔잠비아, 말라위, 짐바브웨〕소설가 도리스 레싱Doris Lessing이 쓴 《풀잎은 노래한다The Grass is Singing》에 등장하는 흑인 모세Moses와 백인 메리Mary의 불륜 역시 다소 다른 방식이지만 같은 주제를 상기시킨다.(레싱은 페르시아(이란)에서 영국 부모 사이에 태어나 로디지아에서 성장했으며, 현재 짐바브웨에 살고 있다.)〔레싱은 2013년 11월 영국 자택에서 향년 94세로 타계했다.〕 **여성**의 성은 여전히 인종 정체성들과 민족적 자부심의 쟁점들이 싸우는 장소이다.(Sharpe 1993 ; Paxton 1999 ; McClintock 1995) 이러한 작가들처럼, 파농은 식민적 맥락에서 모든 인종 관계 안에서 **성**이 갖는 본질에 주목한다.

파농의 이해에서, 백인은 흑인의 응시에서 승인을 필요로 하지 않는다. 백인은 자기충족적이고, 자기동일적이다.('나는 백인이다') 상호 응시를 필요로 하지 않기 때문에 주인이 된다. 자신을 '백인이 아니다'라는 것으로만 간주하는 흑인은 인정이 필요하고, 그래서 **사물**thing이 된다. 따라서 파농의 이해에서 식민주의의 심리학은 다음과 같은 이중적인 층위를 가진다.

- 모든 인정은 인정하는 권한이 부여되어 있고 인정을 허락하는 백인 주인의 것이다.
- 노예는 이러한 백인 주인으로부터의 인정을 갈망하고 얻고자 노력한다.

주체성, 자아의식은 식민적 맥락에서 백인만의 특권이자 특혜이다. 이는 곧 같은 상황의 흑인은 모든 정체성-형성 기회를 제거당한다는 뜻이다. 유럽인의 비상호 응시에서 흑인은 단지 대상에 불과하다. 흑인은 인간이라는 범주 자체에서 배제되어 있다. 흑인은 인간 이하의 존재, 하나의 대상이다. 노동조차도 흑인에게는 (노예) 인정을 가져다주지 못한다. 이러한 인정에 대한 갈망 때문에 그리고 단지 하찮은 사람 혹은 대상이 되는 조건에서 벗어나기 위해서, 흑인은 백인 주인의 특징들을 받아들여야만 한다.

흑인은 끊임없이 식민 지배자를 흉내 내야만 한다. 피식민지인들은 식민 지배자처럼 **되고자 하고**, 이로 인해 식민 지배자의 **호감을 얻게 된다.** 피식민지인이 피식민지인으로서의 신분을 강화하는 길은 오직 흉내 내기mimicry뿐이다. 영원히 흉내만 내도록 운명 지워져 있는 것이다. 따라서 흑인은 다른 언어 목록linguistic register을 말하는 것을 목표로 하고, '흑인'보다는 '황인'

이 되기를, 그리고 아프리카인보다는 마르티니크인이 되기를 주장한다. 파농은 흑인이 "백인 세계에 진입한 것"이라고 부른, 다른 언어 목록을 사용하고자 애쓴다는 사실을 듣고서 "놀랐다"고 한다.(Peau noire : 23) 파농에 따르면, 흑인은 "백인이 되거나 아니면 사라지기를"(xxxiii) 원한다. 다시 말해서, 백인 '주인들'을 흉내 내면서 자신의 뿌리를 없애고, 자신의 피부색과 언어, 그리고 정체성 자체를 없애고자 노력한다. 이러한 식민적 흉내 내기의 주제를 살필 수 있는 문학작품들을 보자.

인도 소설가 아티아 호사인Attia Hosain(1913~98)은 소설 《부서진 기둥에 비친 햇살Sunlight on Broken Column》에서, 인도 여성 퍼린 와디아Perin Wadia 부인을 "서구에서 태어난 사람들보다 더 서구문화를 자랑스러워하는 사람"으로 묘사한다.(1988(1961) : 32) 호사인은 개인적 측면뿐만 아니라 문화적 측면에서 원주민들이 벌이는 정체성을 삭제하는 흉내 내기, 뿌리 뽑기deracination(인종 특성에 대한 점진적이고 자발적인 '침식'을 가리키는 용어)를 말한다. 원주민은 말투, 행동과 태도에서 서구적 방식을 전용하면서 식민지 주인에게 받아들여지기를 갈망한다.

나이지리아 극작가 겸 수필가이자 시인인 소잉카(1934~)는 《죽음과 왕의 마부Death and King's Horseman》의 진지한 희비극 장면에서 백인 주인처럼 말하고 보이고 행동하고자 하는 원주민 혹은 피식민지인의 욕망을 풍자한다. 요루바족Yoruba 여성들은 경찰 조직에 들어가 자신의 백인 주인들처럼 행동하려는 요루바족 아무사Amusa를 흉내 내려 영국인들의 어투를 흉내 낸다.

요루바 여성들은 소규모의 가장假裝 놀이를 벌여 아무사에게 흉내 내기가 얼마나 우스꽝스러운지를 깨닫게 한다.

초대장을 보여 주세요.

누구시지요? 우리 인사한 적이 있나요?

그리고 당신이 누구라고 말씀하셨죠?

죄송합니다. 제가 정말 당신의 이름을 듣지 못했습니다.

당신의 모자를 주시겠습니까?

원하신다면, 제가 당신의 모자를 보관해도 되겠습니까?(1984 : 177-8)

물론 아무사는 화를 냈다.

카리브 해 작가인 자메이카 킨케이드Jamaica Kincaid(1949~)는 《작은 섬A Small Place》에서 그녀의 과거를 상기시키는 언어, 영어의 지배에 대한 분노를 이렇게 표현한다.

내가 이런 범죄(식민주의)에 대해 말하기 위해 사용할 수 있는 유일한 언어가 범죄를 저지른 그 범죄자들의 언어뿐이라는 것은 모순 아닌가요?(1998 : 31)

그러나 아무리 흉내 내기와 위장impersonation을 해도, 원주민은 실패할 수밖에 없다. 주인의 언어를 흉내 내는 행위 자체가 흑인을 위협의 근원으로 바꾸기 때문이다. "가만히 있는 것이 좋겠어."(Peau noire : 21) 비록 이후 비평가들의 흉내 내기가 저항의 역할을 한다고 할지라도(Bhabha 2009b), 흉내 내기가 피식민지인들을 좌절시키는 것은 사실이다.

파농의 이해에 맞춘다면, 아무사나 퍼린의 행위처럼 흉내 내기의 이면에 있는 의도는 인정에 대한 모색이다. 즉, "상호 인정의 세계"(Peau noire : 170)에 대한 모색이다. 백인 주인이 노예해방(169)을 승인하더라도, 그것이 인정을 수반하지는 않는다. 헤겔을 인용하는 이 부분에서, 노예는 "독립적인 자기의식으로서 인정"(170)을 확보하지 못한다고 파농은 말한다. 따라서 투쟁을 통해 확보한 것이 아닌 **용인된** 자유는 흑인의 비자아의식sense of non-selfhood을 강화시킨다. 흑인은 자신의 자아의식을 스스로 확보해야만 하는 것이다. 파농은 이 같은 자아의식의 확보는 반식민 저항 내에서만 가능하다고 주장한다. 이것은 이후 우리가 생각할 주제이다. 여기서 중요한 것은, 파농의 주장을 식민주의에 대한 사회심리적 성찰로 간주하는 것이다.

- 흑인은 식민지 주인에게 인정받지 못하기 때문에 모든 자아의식을 상실한다.
- 이러한 인정을 획득하고자 피식민지인은 백인 주인의 가면을 쓰기 시작한다.

그러나 인정을 얻고자 가면을 쓰는 것은 정체성 습득에 기여하지 못한다. 파농이 제기하듯이, 흑인문화는 무가치하고 백인문화만이 가치가 있는 유일한 문화라는 믿음에서 신경증, 흑인과 백인 간의 분리된 정신분열적 조건, 그리고 열등 콤플렉스가 초래된다.(이것은 20세기 초 아프리카계 미국 사상가인 두보이스W. E. B. Du Bois가 흑인은 백인의 시각을 통해서만 자신을 파악한다고 한 설명, 즉 흑인의 '이중 의식double consciousness'이라는 탁월한 설명과 유사하다. 두 보이스는 "특별한 느낌 …… 자신의 시각을 통해 항상 자아를 바라보는 이러한 느낌. 자신의 이중성twoness, 바로 미국인이자 흑인이라는 이중성을 느끼곤 한다. …… 두 개의 조화될 수 없는 갈망"이라고 기술했다.(1961 : 3. 파농과 두 보이스 비교 연구는 다음을 참조할 것. Owens Moore 2005.)

| 흑인의 열등 콤플렉스와 인종 |

파농은 수많은 흑인의 신경증과 열등 콤플렉스 그리고 심지어 공격성도 자신의 피부색이 백인 식민 지배자에게 악, 야만, 타락으로 재현된다는 사실의 발견에서 비롯된다고 주장했다. 인종에 대한 정신분석학적 접근을 통해 파농은 흑인 신경증의 사회적 개요를 제시한다.

- 식민 지배자에 의한 흑인문화의 거부는 피식민지인의 상실감을 초래한다.
- 피식민지인은 자기 문화에 대한 이러한 거부를 내면화하고 자기 문화를 결함이 있는 것으로 보기 시작한다. 그 문화는 수치심과

자기경멸로 가득 채워진다.

- 흑인에게 백인의 우월성과 흑인의 열등함이라는 신화는 어린 시절부터 이어진 사회화의 일부이다.
- (그들을 위해 가족이 확장되고 그것이 사회적인 것과 들어맞는 구조에서 성장하는 백인 아이와 달리) 흑인 아이는 가족과 더 큰 인종주의적 사회질서 간의 단절을 보게 된다.
- 이러한 왜곡된 사회화는, 흑인 아이들이 《타잔Tarzan of the Apes》과 같은 백인 텍스트가 전달하는 문화적 메시지와 자신을 통합시키면서 자신의 문화로부터 벗어나고자 하는 상태를 만든다.
- 그래서 흑인 아이는 자신을 이야기 속의 백인 탐험가와 동일시하고, 그 결과 문화적 트라우마가 초래된다.

《검은 피부, 하얀 가면》의 시작 부분에서, 파농은 서구가 '신화'로서 흑인을 구성했음을 언급한다. 이 신화는 흑인이 스스로 믿게끔 내면화시켜 온 신화이다. 그 결과 흑인은 결코 흑인처럼 행동하기를 바라지 않으며, 혹은 흑인으로서 자신을 재현하지 않으려 한다. 흑인은 (백인에 의해) 이러하기를 기대하지만, 파농이 말한 것처럼 "검둥이"처럼 행동할까 봐 두려워한다.(Peau noire : 86) 이것이 흑인이 일상에서 만나는 자신의 사회적 실재reality, 실존 자체의 위기다. 그리고 자신이 결코 흑인이 아닌 다른 어떤 존재가 될 수 없다는 것을 알기 때문에, 흑인은 자신의 무가치성과 열등성으로 고통받다 결국 신경증에 걸리게 된다.

파농은 흑인의 예민한 감수성을 이러한 인종주의라는 사회적 실재 혹은 "감정적 신경과민"이 낳은 결과로 본다.(Peau noire : 117-118) 감수성이 예민한 흑인은 흑인이 되는 것에 대해 극단적으로 자의식적이 되며, "상황 신경증"(43) 상태에서 "수치심"과 "자기경멸"(88)로 괴로워한다. 흑인의 문화는 수치의 대상이 되고, 짐이 되고, 실패의 표시가 된다. 그래서 파농의 이해는 우리를 사회적 조건, 즉 인종주의에서 인종주의의 즉각적인 결과(열등 콤플렉스)와 광범위한 결과(신경증)로 데려간다. 그리고 이러한 신경증에는 추가적인 발생 요인이 있다.

북아프리카 이주 노동자들을 다루면서, 파농은 많은 이들이 가족의 단절성ruptured nature 때문에 소외와 '감정적 신경과민'으로 괴로워한다는 사실을 발견했다. 파농은 모든 정신분석 이론과 치료는 가족을 전제한다는 점에 주목한다. 사건의 '정상적' 과정에서는 개인이 그들의 아주 가까운 가족, 더 큰 사회질서, 그리고 국가 사이의 태도와 신념 체계에서 연속성을 발견한다. 개인이 가족 내에서 보고 경험하는 것과 가족이 살고 있는 사회 간에 어떠한 모순도 없다. 그러나 노예제와 강요된 이주는 엄청난 단절을 초래한다. 개인은 그가 (흑인) 가족 내에서 보고 배워 온 것이 백인 사회의 더 큰 사회질서와 충돌한다는 사실을 알게 된다.

정상적인 가족 속에서 성장한 정상적인 아이는 정상적인 사람이 될 것이다. 가족의 삶과 국가의 삶 사이에는 어떠한 불균형도 없다.(Peau noire : 110-11)

유럽인에게 가족은 국가, 그리고 사회와 아주 매끄럽게 맞추어져 있다. 파농이 말한 것처럼, 가족은 "더 큰 제도를 예고한다".(115)

파농은 개인의 신경증을 가족의 구조뿐만 아니라 사회구조에 위치시킨다. 백인 사회(혹은 백인 지배 사회)에서 백인으로 성장한 백인 소년이 가족에서 나와 사회로 나아가는 것은 급격한 단절 혹은 변화를 만들어 내지 않는다. 그러나 흑인 소년은 다르다. "정상적인 가족 내에서 성장한 정상적인 흑인 소년은 백인 세계와의 최소한의 접촉에도 비정상적으로 될 것이다."(111)

흑인 소년은 성장해서 자신의 가족이 인종주의적 국가(파농이 "가족의 삶과 국가의 삶 사이의 불균형"으로 언급한 것, Peau noire : 110)와 거의 공통점이 없음을 발견한다. 소년은 경멸과 거부, 오락거리와 대면하게 된다. 소년의 가치는 인정되지 않고 흑인의 열등의식이라는 신화와 만나게 된다. 이러한 신화를 접하면서 흑인 소년은 혼란스러워진다. 자신의 가족은 국가라는 더 큰 사회질서에 속하지 않는 것인가? 자신의 가족은 변칙적인 것인가? 파농은 모든 앤틸리스인이 열등감을 느끼고 신경증적이라고 주장한다. 그리고 이는 개인적 특성이 아니라 사회적 특성이라고 주장한다. 파농이 말한 것처럼, 이러한 신경증이라는 "오점"은 식민주의라는 환경에서 발생한다.(Peau noire : 165) 흑인 소년의 정신 병리적 문제들은 아이 혹은 가족이 아닌, 백인이 지배하는 인종화된 식민 체제 내에 있는 흑인 가족이라는 모순 속에 있다.

앞에서 이미 살펴봤던 것처럼, 이러한 수치감을 완화시키기 위해서 흑인은 백인의 가면을 쓴다. 이렇게 백인 가면을 쓰는 심각한 게임은 아이의 사회화와 함께 시작된다. 파농은 인종화 맥락에서 이러한 사회화로 만들어진 정신 병리학을 시간을 들여 고통스럽게 설명한다.

파농은 모든 사회가 이른바 "집단적 카타르시스collective Catharsis"(112)를 위한 메커니즘을 발전시킨다고 지적한다. 이 메커니즘에는 분노와 공격성의 힘들이 방출될 수 있는 출구가 존재해야만 한다.(112) 아이들이 하는 게임이 과도한 에너지, 좌절과 분노가 해로움 없이 방출될 수 있는 카타르시스 방식이다. 타잔 이야기, 미키 마우스, 각종 모험담이 여기에 속한다. 그런데 식민 상황이 흑인 아이들의 급증하는 신경증에 추가시킨 것도 이러한 방식이다. 인종화된 식민 상황 속에서 성장한 흑인 아이는 이런 환상적 서사들에서 아프리카인의 열등감 신화를 단지 '발견'할 뿐이다. 아이에게 타잔은 영웅이 되고, 흑인 아이들조차 자신들을 탐험가나 백인 모험가와 연관시키고 실제로 동일시하기 때문에, 아이는 **백인** 탐험가들과 자신을 동일시하기 시작한다.(113)

폭력과 체내화incorporation(대상을 자신의 내부로 받아들이는 것)를 가져오는 환상적 서사야말로 흑인 소년의 신경증을 초래하는 문화적 트라우마의 근원이다.(Christian 2005 : 222-3) 흑인 아이는 오해를 살 정도로 현실도피적이고 고통스러운 그리고 트라우마적이고 유쾌하기도 한 환상을 자신의 내부로 받아들인다. 이후 성장하면서 흑인 악당이 나오는 영화를 본 흑인은 주변 타자들의 '흑인혐오적' 응시뿐만 아니라 스크린 속의 흑인 이마고imago〔자기도 모르게 자신의 행동에 영향을 미치는 이상화된 인물의 모습〕에 위협받게 된다. 흑인은 영화를 볼 때 반복되는 관람 행위들에 연루된다. 즉, 흑인은 방치되고 있지만 결코 제거되지 않는 과거의 모든 트라우마적 기표들을 상기시킨다.

물론 이전의 메시지들을 상기시키는 새로운 문화적 메시지를 흡수하는 과정에서, 흑인은 또한 이러한 이야기들에 구체화된 편견과 이데올로기적 원칙들까지 받아들이고 흡수한다. 사악한 흑인 신화를 이미 접한 흑인은, 이러한 이야기들은 통해 태도의 "결정 과정"과 "생각하고 보는 방식"(114)에서 백인 우월성 신화를 내부에 강화시킨다. 유럽중심적이고 인종주의적이며 식민적인 이야기들을 받아들인 흑인 소년은, 좌절과 혼란 끝에 이 정체성의 위기를 해소할 방식을 모색한다. 흑인 소년이 썼던 백인의 가면은 재빨리 벗겨진다. 백색화 혹은 "흑인종의 백색화lactification"(파농의 용어, Peau noire : 33) 과정은 미끄러져 빗나가고, 이제 노예제, 대상화, 신경증으로의 여정이 시작된다. 이때 아이로니컬하게도 백인의 가면이 그 아래 놓여 있는 흑인성을 강조한다. 즉, **그는 항상 백인 가면을 쓰고 있는 흑인인 것이다.** 파농은 유명한 질문과 대답이라는 이항 형식으로 이 콤플렉스를 표현한다. '흑인은 무엇을 원하는가? …… 흑인은 백인이 되고자 한다.'(Peau noire : 1, 3) 백인으로부터 인정을 획득하려는 흑인의 시도가 그들의 열등 콤플렉스를 강화시키는 것이다.

여기서 파농은 흑인의 열등 콤플렉스가 명백히 역사적이고 사회적인 것임을 증명한다. 이러한 역사적이고 사회적인 근거를 바탕으로 파농은 식민 상황을 다룬 가장 유명한 정신분석 해석 중 하나인, 흑인의 '종속 콤플렉스'를 주장한 마노니의 유명한 이론을 비판한다.

| 종속 콤플렉스 |

마노니가 《프로스페로와 칼리반 : 식민화의 심리학》(1950, 영어 번역판 1964)에서 주장한 '식민주의 심리학'의 내용을 살펴보자. 마노니는 아프리카인이 식민 상황으로 더욱 악화된 '열등 콤플렉스'로 고통받고 있다고 주장했다. 마노니는 식민 지배자와 피식민인의 인성에 관한 '원형'을 제시한다. 식민 지배자는 관리하고 지배하는 경향을 갖는 반면, 아프리카인은 종속을 추구한다. 이 인성들에 자양분을 공급하는 것은 식민적 맥락이다.

또한, 마노니는 백인 지배자가 대체—아버지father-substitute로 간주된다고 주장했다. 흑인은 보호자가 없는 것을 원치 않으며, 유럽인에게서 아버지 역할을 찾거나 확인한다. 원주민이 옳든 그르든 간에, 스스로 아버지와 같은 유럽인에게 버림받았다고 생각할 때 그 종속으로 인해 원주민은 반역을 하게 된다. 마노니는 이러한 버림당함이라는 감정의 결과가 1947년 반역과 대학살(프랑스 군대가 말라가시[마다가스카르]인 10만 명을 살해)을 야기했다는 악명 높은 설명을 제시했다. 마노니는 식민정책들, 고통스러웠던 제2차 세계대전과 다른 환경도 피식민지인들이 보인 '유치한 분노'라는 결과를 초래했다고 주장했다. 그런데 식민지 주인들은 이러한 감정을 알아채지 못하고 잔인하게 대응했다. 결과적으로 마노니는 모든 사태의 원인을 피식민지인의 '종속 콤플렉스' 탓으로 돌리고, 잔인한 식민 당국의 역할과 (말라가시인들의) 민족주의 감정은 끔찍한 사건의 부수적인 부분인 양 취급하고 있다.

파농은 먼저 식민 상황에 대한 사회경제적 분석을 제시하면서 마노니의 정신분석을 반박한다. 파농은 남아프리카를 "대략 250만 명의 백인이 1억 3천만 명의 흑인을 구타하고 가두고 있는 가마솥"(Peau noire : 64)으로 정의한다. 파농이 이야기하듯이, 흑인의 열등 콤플렉스는 부인할 수 없이 식민주의의 사회적·경제적 실재에서 기인한다.(4) 파농은 인종주의의 물질적·경제적 토대를 설명하고, 두려움과 욕망이라는 정신 상태는 이러한 조건들에서 발생한다고 강조한다. 다른 인종 집단에서 소수 인종 혹은 소수집단의 구성원은 위협을 느낄 수밖에 없다고 한 마노

마노니는 백인과 흑인이 특별한 정신 상태, 즉 백인은 지배하는 경향을 지닌 반면, 흑인은 지배당하는 경향을 지니고 있다고 주장했다. 마노니는 식민 상황이 백인이 지속적으로 흑인을 지배하는 인종 만남에서 이 두 '역할'을 작동할 수 있게 한다고 했다.

니의 주장에 대해서도, 파농은 마르티니크에서는 30만 명의 유색인종을 단 200명의 백인이 지배하고, 남아프리카에서는 200만 명의 백인이 약 1,300만 명의 원주민에 맞서고 있지만, 이들 사회 어디에서도 흑인이 (소수의) 백인들에게 우월감을 느끼지 못한다고 반박한다.(68)

식민주의가 수적으로 소수인 백인들이 다수인 아시아인들에게 어떻게 주인 행세를 하게 하는지 보여 주는 문학 텍스트가 러디어드 키플링Rudyard Kipling(1865~1936)의 고전적 작품《킴Kim》(1901)이다. 이 소설은 어린 킴이 대포 근처에서 원주민 아이들을 발로 차는 장면으로 시작된다. 이 장면은 백인 지배의 강력한 메타포이다. 이후 키플링은 어떻게 식민적 맥락에서 덕망 있는 아시아 라마lama가 어린 아일랜드 소년에게 정서적으로 그리고 심지어 육체적으로 의존하는지를 보여 준다. 이 미숙한 아이가 아시아인들을 이끌 수 있는 것은 바로 소년의 인종 정체성과 그의 위치(대영제국) 때문이다. 식민적 맥락에서 키플링은 단지 인종 정체성에만 토대를 둔 종속을 제시한다. 즉, 나이에 상관없이 백인 소년은 항상 이끌고 아시아 주체들은 따라가는 종속이 제시된다.

마노니는 '열등 콤플렉스'를 제거하거나 혹은 억누르려는 흑인이 취할 유일한 방법은 유럽인과 종속 관계를 만드는 것이라고 계속 주장했다.

파농은 흑인의 열등 감정이 마노니가 생각하듯 자연스러운 것이 아니라고 반박한다. 열등감은 자연스러운 심리 상태가 아니라 식민주의의 사회화, 물질적 상태, 세뇌가 만들어 낸 것이다. 파농은 백인이 스스로 우월함을 투사하기 때문에 흑인이 열등하게 느낀다고 말한다. **"열등한 사람을 창조하는 사람이 바로 인종주의자이다."**(Peau noire : 69, 원문 강조) 파농은 이러한 콤플렉스의 발생과 구성을 가능하게 하는 것이 실제로 식민 상황이라고 할 때, 마노니의 분석이 특별한 콤플렉스를 **미리 추정하고 있다**고 지적한다. 식민주의가 용이하게 만든 지독한 잔인성이 유럽인에게 우월감을 느끼게 하고, 이에 수반하여 피식민지인은 열등감을 느끼도록 만들었다.(74)

마노니는 유럽인의 손에 들린 총이 남근 상징이 된다고 멋들어지게 제시한다. 파농은 물질적 조건을 상징적 표현으로 축소시키는 이 같은 정신분석적 해석을 다음의 한 문장으로 일축한다. "(말라가시인들의 꿈에서) 소총은 남근이 아니라 실제 1916년형 르벨Lebel 총이다."(Peau noire : 79) 총에 대한 두려움과 식민 기관은 단지 총의 **상징**이 아니라, 총이 실제로 살과 피와 뼈에 끼칠 수 있는 해로움에 대한 공포이다.

파농의 비판은 특별한 인성, 신경증과 정신 병리적 질환들이 발생하는 구체적인 사회경제적 조건들을 전면에 배치한다. 이후 파농이 주장하는 것처럼, 인종으로 인해 발생한 신경증의 진정한 해결책은 식민적 정신의학이 아니다. 왜냐하면 이런 의학 자체가 식민적 맥락에서 발생하기 때문이다.

| '정신질환'과 식민적 정신의학 |

오스트레일리아 소설가 토머스 케닐리Thomas Keneally가 쓴 《지미 블랙스미스의 노래The Chant of Jimmie Blacksmith》(1973)에서, 소설 제목과 동일한 이름을 가진 주인공 지미는 한바탕 법석을 떨며 살인을 시작한다. 그가 도끼를 잡고서 네 명의 백인 여성을 난도질하기 직전의 묘사를 보자.

> 그는 어떤 뚜렷한 해방감으로 들떴다. …… 지미는 자기 육체의 판단적인 위엄, 날카로운 별들이 그를 몰아대는 느낌을 인정했다. 그는 장엄한 열정을, 다시 태어남을 강하게 느꼈다. …… (Keneally, 1973 : 78)

이렇게 잘못되고 부당하게 취급받는 '혼혈'(지미는 원주민 여성과 백인 순회 선교사의 아들이다.)이 느끼는 억눌린 분노감과 흥분된 광기는, 피식민지인의 폭력과 광기가 아프리카인 혹은 아시아인에게 내재하는 것이 아니라 식민 체제의 산물이라는 파농의 주장을 분명하게 보여 준다.

《아프리카 혁명을 위하여》에 포함된 〈북아프리카인의 증후군〉의 도입부에서 파농이 밝힌 두 번째 논제를 보자. "북아프리카인은 자기 인종의 일반적인 기층이 아닌 유럽인이 만든 토대에 속해 있다."(7) 파농은 진료 받으러 가는 모든 북아프리카인이 "모든 동포의 짐을 지고 있다"(8)고 말한다. 북아프리카인은 "버릇

없고", 하찮고 불성실한 사람으로 취급받는다.(10) 파농은 흑인이 "영원한 불확실의 상태"에 있다면서, 특별한 질환의 문화적 맥락을 인식하는 "상황적 진단situational diagnosis"을 요청한다. 북아프리카인은 자신의 사회집단, 작업장 혹은 공동체에 적합하지 않는 존재가 되고, 이 모든 것이 신경증의 원인이 된다.(12-13)

파농은 개인적 정신병과 지배적인 식민 조건이 결합되어 있는 식민 의학과 정신질환 치료에 대한 비판을 제기한다.(Vergès 1996 : 49) 유럽 의사들은 북아프리카인의 질병과 고통을 진정으로 다루지 않는다. 유럽 의사들은 아프리카인을 유럽 체계 내에 억지로 끼워 넣는 역할을 한다. 파농은 아프리카 질병을 사회적 삶과 결합시켜야 한다고 제안한다. 즉, 아프리카인들에게는 친구가 없으며 그들이 유일하게 몰두하는 것은 노동이고, 성적 접촉 대상은 매춘부로만 한정돼 있다는 점을 고려해야 한다고 말한다.(Africaine : 11) 한 마디로, 북아프리카인을 둘러싼 사회 배경이 질병을 유발시키고 있다는 것이다. 그래서 반흑인적이고, 친백인적 맥락에 토대를 둔 정신분석(초기 비평가들이 파농의 정신분석학 활용을 요약한 것처럼. 다음을 참조할 것. Butts 1979)은 그 해석의 체계 자체가 아프리카인의 언어, 증상, 신경증을 주변화시키고 있기 때문에 정신의학에 거의 기여하지 못한다. 심지어 이 같은 식민 지배 체계들이 신경증을 유발하기도 한다.

아프리카인 환자는 병원에 가서도 자기 증상을 표현할 수가 없다.

그(아프리카인)는 자신의 고통을 말한다. …… 이제 그는 그 고통을 수다스럽게 이야기한다. …… 그는 고통을 겪으며, 열 손가락으로 어루만지고, 드러내고, 노출시킨다. 지켜보자 고통은 점점 커진다. 그는 육체의 모든 표면을 통해 그 고통을 몸짓으로 표현한다. 그렇게 그가 15분간 몸짓으로 설명하고 나면, (적절하게 당황해하며) 통역자는 우리를 위해 해석한다. 통역자는 아프리카인이 배앓이를 하고 있다고 말한다.(Africaine : 5)

파농은 불평하는 수련의에 대해 이렇게 기록하고 있다. "어쩔 수 없습니다. 저는 다른 환자들에게 이야기하는 것과 동일한 방식으로 그들과 이야기할 수 없습니다."(Africaine : 9) 파농의 예들은 증상들, 병의 원인과 치료를 예측하는 식민제도 체계, 인식 체계뿐만 아니라 서사, 다시 말해 환자가 자신의 이야기를 **하려는** 방식의 체계에 대한 비판이다.

앞에서 언급한 것처럼, 파농은 사회심리학과 질환을 유발하는 역사적·사회적 조건들에 관심을 두었다. 정신질환과 정신검사를 다른 연구에서, 파농은 주제통각검사와 같은 검사들이 서구인의 정신을 연구 대상으로 보고 만들어졌다고 주장했다. 이러한 검사를 접한 아프리카인 대상자는 혼란스러워 했고, 그래서 그 검사는 실패로 돌아갔다. 파농이 보기에 이러한 실패는 정신검사에 깃든 문화적 편견의 결과였다.(파농은 마그레브인을 위한 검사법을 따로 개발했다. 다음을 볼 것. Bullard 2005)

《대지의 저주받은 사람들》의 마지막 장은 '식민지 전쟁과 정신질환'에 대한 것이다. 여기서 파농은 알제리의 폭력이 자신이 그 속에 속했던 그리고 자신이 제어하지 못했던 사회적·경제적 맥락들 때문에 일어났다는 주장을 반복한다. "식민화는 그 본질상 이미 정신병원의 거대 공급자인 듯했다."(Les Damnés : 181)

마지막 장에서 파농이 열거한 반응성 정신질환 사례 연구는 폭격, 체포, 고문이 자행된 식민지 전쟁이 알제리인들에게 정신질환을 유발한 요인이라는 점을 증명하는 역할을 한다. 이에 따르면, 어린이의 다른 정신질환들, 자살 성향과 위궤양 등도 심리적인 문제에서 기인했다. 근육과 안면의 경직은 알제리인들이 보이는 독특한 질환인데, 이를 파농 식으로 해석하면 이렇다. 즉, "식민 기관들과 마주친 피식민지인들이 보이는 근육의 경직은 그들의 침묵과 거부를 말해 주는 동시적인 신체적 작용이고 증거이다."(217)

그래서 파농은 알제리인의 정신 혹은 인성을 다루는 유럽의 표준 정신검사법을 검토한다. 알제리인은 상습적이고 무자비한 살인자에 야만인이며, 그래서 절도를 저질러도 무단침입뿐 아니라 살인까지 수반한다는 유럽의 정신검사 말이다.(222-3) 파농은 다양한 의사 및 이론가들을 언급하며 세부적으로 알제리인의 범죄행위라는 주제에 집중한다. 그는 "북아프리카인의 범죄 충동성은 신경 체계의 어떤 배치가 행위 패턴으로 바뀐 것"(227-8)이라는 이론(신화)에 문제를 제기한다. "전두엽의 무용함이 북아프리카인의 나태함, 범죄, 절도, 강간, 거짓말을 설명한다."(228) 이런 이유로 식민지 정신의학협회는 "훈육시키고, 길들이고, 억제시키고 …… 그리고 …… 진정"시키고자 한다. 파농이 지적했듯이, 이 단어들은 점령지의 식민주의자들이 일반적으로 사용하는 단어들이다.(228)

파농은 알제리인을 범죄자로 간주하는 정신평가가 정확한 것으로 수용되고 이해되는 현실을 비판했다.(229) 알제리인은 진정한 적敵인 백인을 공격할 수 없는 자신의 무능력에 좌절하며 동족에게 눈을 돌린다. 알제리인으로 하여금 다른 알제리인에게 칼을 들도록 만드는 것은, 바로 식민주의가 강하게 압박한 **환경**이다. 가난과 굶주린 가족의 모습, 실업과 착취로 '일상적으로 조장되는 살인'에 노출되면서, 식민 주체는 증오에 휩싸이고 경쟁자로 간주되는 동포에게 증오를 드러낸다.(231) 이 증오는 격한 폭력으로 드러나고, 일부 폭력은 동포를 겨냥한다. 그래서 식민지의 폭력은 알제리인에겐 방출의 방식이다. 즉, 백인 주인을 죽일 수 없는 피식민지인의 분노가 서서히 증가하다 결국 자기 동포에게로 향하는 것이다.

그러나 파농이 주목했듯, 알제리인의 범죄는 전쟁이 시작되자 감소했다. 이는 흑인을 폭력으로 몰아가는 식민 상황이 전쟁 상태로 바뀐 단순한 이유 때문이다.(230) 만약 아프리카인의 '자연스럽고' 내재적인 야만성에 대한 식민 지배자들의 신념이 옳았다면, 이 변화를 설명할 납득할 만한 이유가 더 이상 없을 것이다. 그러나 파농은 여기서 알제리인의 인성 변화를 설명한다. 그는 다음과 같이 질문한다. "최종적으로 집단적 공격성을 표현하는 특권화된 영역인 전쟁이 선천적으로 흉악한 행위들을 점령자들에게 향하도록 하겠는가?"(230) 그러나 결국 피식민지인은 **정당하게** 자신의 분노를 부추길 수 있고, 그 분노를 파농이 "민족의 적"(231)이라고 부른 것에 겨냥한다. 파농은 민족 투쟁이 흑인의 분노를 "실어 보낸다"고 표현한다.(230) 영원한 적인 식민 지배자를 전멸시킬, 내면의 좌절과 분노를 일관성 있는 행위 계획으로 분출시킬 기회 안에서 알제리인은 동포에 대한 '범죄성'을 제거한다.

결국 파농은 폭력적 인성과 정신질환, 이를 치유할 방법까지 식민 체제 안에 위치시킨다. 식민 지배의 끔찍한 결과를 보여주는 그의 '사회 진단적' 해석은 생물학적·유전적 결정론을 거부한다. 파농의 이해에서 중요한 것은, 식민 체제의 의학적·정신의학적·인식적 폭력이 피식민지인의 삶을 거의 본래 상태대로 두지 않는다는 점이다.

정신분석학으로 풀어낸 열등감과 백색 가면

파농이 식민 상황 분석에 정신분석학을 끌어들인 시도는 중요한 변화를 성취한다. 즉, 신경증을 개인의 정신병리적 상태가 아닌 사회적 맥락과 근원(병인학aetiology)에서 찾는 변화를 성취한다.

파농은 모든 정체성은 상관적이며, 이 점에서 자아는 타자 혹은 다른 타자와의 관계 속에서만 그 정체성을 이해할 수 있다고 제시한다. 식민적 맥락에서 흑인은 자신을 단지 백인의 부정the negative으로만 간주한다. 이 지점에서 백인은 전형이고, 흑인은 이 전형에서의 일탈이다. 백인이 흑인을 대상으로만 간주하기 때문에, 흑인 역시 자신을 자아의식이 없는 대상으로만 간주한다. 식민 상황에서 흑인에게는 자기인정도 자기인식도 없다. 단순한 대상이 되는 조건에게서 벗어나고자 흑인은 백인이 **되려** 한다. 즉, 흑인은 백인으로부터의 인정을 갈망한다. 이 인정을 획득하고자 피식민지인은 백인 주인의 가면을 쓰기 시작한다.

파농이 주장하는 것처럼, 흑인의 열등감은 '자연스러운' 것이 아니다. 흑인의 열등감은 식민적 사회화, 물질적 조건(착취, 억압, 폭력)과 세뇌의 결과이다. 더 나아가, 파농은 백인이 우월함을 투사하기 때문에 흑인이 열등감을 느낀다고 주상한다. 그래서 파농은 흑인들이 처한 특별한 질환의 문화적 맥락을 인식하는 '상황적 진단'에 착수한다. 식민 의학과 정신치료는 식민 지배와 동일한 유럽 패러다임에서 출현했기 때문에 흑인 신경증의 사회적 맥락을 인식하지 못한다.

여기까지가 파농이 강조한 식민 상황 내에 있는 흑인의 이야기다. 파농은 이후 글에서 젠더정치에 대한 수많은 그리고 격렬한 논쟁을 유발한 식민주의에서의 여성 문제에 관심을 돌렸다. 다음 장에서 살펴볼 내용이 파농의 저서들에 담긴 젠더에 대한 이해이다.

제 4 장

식민주의,
젠더와 섹슈얼리티

Frantz
Fanon

분노의 불길을 옮기는 자매들

치카노 혹은 치카나Chicano/a〔멕시코계 미국인〕 활동가이자 극작가
인 체리에 모라가Cherríe Moraga(1952~)가 쓴 치카노 혹은 아즈
틀란Aztlán〔아즈텍인이 말하는 전설 속의 국가〕 '민족'에 대한 전위적
인 연극 《굶주린 여성The Hungry Woman》(2001)에서, 등장인물 사
반나Savannah와 마마 살Mama Sal은 다음과 같은 대화를 나눈다.

마마 살 : 우리는 한동안 만족하고 있었어ㅡ.
사반나 : 그렇지요. 혁명가들이 여성들에게 이야기할 때까지, 총
  을 내려놓고 아이들을 집어 들며 …… 그리고 부엌으로 갔지
  요!(Moraga 2001 : 21)

제바르의 《그들 아파트의 알제리 여성들Women of Algiers in

their Apartment》(1999)에서 마침내 미쳐 버린 레일라Leila는 '자매들'에게 이렇게 외친다.

> 그대, 분노의 불길을 옮기는 자매들이여, 도시를 해방시켜야 하는 나의 자매들은 어디에 있는가. …… 철조망은 더 이상 골목길을 막지 않고, 이제는 창문과 발코니, 외부 공간으로 개방된 것들을 장식하고 있구나.(Djebar 1999 : 44)

"분노의 불길을 옮기는 자매들"은 이제 위협의 원천이 된다. 혁명이 벌어지는 동안 여성들은 전통적 역할을 폐기하고 총을 쥐고서 공공장소로 가서 남성들과 함께 싸웠다. 그러나 국가가 해방되는 순간, 여성들은 따뜻한 가정이라는 제한된 공간으로 되돌아가도록 강요받는다. 여기서 모라가와 제바르의 설명은 투쟁성, 민족주의, 반식민 투쟁에 대한 파농의 논의에서 그와 관련되었던 많은 젠더-섹슈얼리티sexuality 주제들을 포착한다.

식민 상황과 식민 상황이 흑인 주체성에 끼친 영향의 분석에서, 파농은 흑인의 전형으로 흑인 **남성**을 택한다. 이처럼 남성 주체성을 강조했지만, 파농의 연구는 또한 성적 특징이 부여된 식민 지배의 본질에 지속적으로 관심을 보인다. 이 관심이 이번 장의 주제이다.

식민주의의 성적 영역과 젠더화된 본질에 대한 파농의 탐색은 다음과 같은 항목들로 연구될 수 있다.

- 식민주의와 그 성의 경제
- 식민주의와 젠더-성폭력
- 여성들, 반-식민 투쟁과 베일

| 식민주의와 그 성의 경제 |

파농은 성의 경제를 식민 조건에 내재하는 것으로 간주한다. 이러한 성의 경제는 최소한 네 가지 형태에서 명백하게 보인다.

- 여성은 흑인 남성과 백인 남성 간의 교환 표시로 순환한다.
- 유럽인들은 흑인 여성을 이국적-에로틱한 대상으로서 상상 혹은 인지한다.
- 알제리 여성의 베일은 이러한 욕망의 식민적 응시를 방해하고, 그래서 식민 지배자는 그것에 분개한다.
- 알제리 여성의 '베일을 벗기려는' 식민주의의 시도는 알제리 자체를 '뚫고 들어가려는' 욕망의 증상을 나타낸다.

피식민 남성이 주체성의 위기를 맞는 최초의 순간은, 흑인 남성이 백인 남성의 **응시**를 인식할 때 발생한다. "보세요. 깜둥이예요."(Peau noire : 84) **인종** 차이를 만드는 것은 시각적 자각이다. 흑인 남성은 백인 아이의 말("보세요. 깜둥이예요. …… 엄마. 깜둥이예요")을 듣고서 백인의 응시를 통해 자신을 바라보면서, 자기 자신이 갖는 결여를 지각하기 시작한다. 이처럼 흑인 남성의 자아성 상실은 식민주의의 시각적 영역에서 처음으로 시작된다.

파농은 흑인이 된다는 것을 스스로 인식하는 흑인의 식민화된 상태를 슬퍼한다. 파농이 기술하듯이, 영화를 볼 때에도 흑인 남성은 사람들이 그를 "바라보고 …… 살펴보고 …… 기다리고 있다"고 믿는다.(Peau noire : 108) 파농은 백인의 관람 행위 spectatorship의 시각적 체제regime 내에서 만들어진 식민적 차이의 맥락 안에서 흑인 남성의 주체성과 자아의식이 어떻게 출현하는지를 보여 준다. 그런데 이 시각적 체제는 성의 경제, 특히 여성을 둘러싸고 더 두드러지게 구조화된다.

파농에게 여성은 대부분 남성적 혹은 남자다운 욕망의 대상으로 언급된다. "흑인(남성)the black man은 무엇을 원하는가?"(Peau noire : 1)와 같은 질문(아이로니컬하게도 그 자체로 프로이트의 "여성은 무엇을 원하는가"를 상기시키는)에서 상징적으로 나타나는 것

성의 경제Sexual economy
성의 경제는 성과 성 정체성이 사회관계를 가능하게 하는 방식을 기술하는 간편한 용어이다. 예를 들어, 생산품 판매에 여성을 이용하는 것, 저임금 노동자로서 여성을 이용하는 것, 하나의 문화에 일어난 위기를 언급하고자 근본주의자 혹은 도덕주의자들이 전통의 보관소로서 여성을 기술하는 것, 공동체 혹은 가족 간의 관계를 숨기기 위한 여성의 교환, 여성의 생산력에 대한 강조, 여성의 섹슈얼리티 제한, (성적 대상으로서 여성을 묘사하는) 외설물로 만들어진 돈, 이 모든 것이 성의 경제를 구성한다.

처럼, 파농은 여성적 욕망에는 거의 관심을 가지지 않는다.(일반적으로 "흑인은 무엇을 원하는가?"로 번역되지만, 파농이 이 문장에서 흑인을 'the black man'으로 언급한 것은 여성주의 관점에서 문제를 제기할 수 있다.—옮긴이) 그런 파농이 〈베일 벗은 알제리〉에서 본격적으로 '여성 문제'에 관심을 돌린다. 유럽인이 이국적 대상으로서 흑인 여성을 상상하는 것에서 파농의 논의는 시작된다.

> 시내 전차 혹은 열차에서 얼핏 보이는 머리카락 한 올, 이마의 한 부분, '너무도 강렬하게 아름다운 얼굴'의 한 부분은 알제리 여성이 세계 여성 중 최고라는 유럽인의 비이성적 신념을 존속시키고 강화하는 데 충분할 것이다.(Algérienne : 43)

이 글에서 파농은 알제리 여성이 백인 남성의 욕망의 **대상**이 되는 식민주의의 인종화된 시각적 체제를 제시한다.

베일은 이러한 욕망의 식민적 응시를 방해하고 그래서 식민지 배자는 파농이 언급하듯이 "그녀(알제리 여성)는 자신을 드러내지 않는다"(Algérienne : 44)는 이유로 분개한다. 베일은 다루기 힘든 욕망과 지배의 대상, 두려움과 집착의 대상으로서 기능한다. 그러므로 그녀가 베일을 벗지 않는 것은 지배의 식민적 병리학에서 중심이 되는 문제이다. "이러한 여성에게서 베일을 벗기는 것은 그녀의 아름다움을 드러내는 것이다. 그것은 그녀의 비밀을 발가벗기는 것이고, 그녀의 저항을 분쇄하는 것이고, 모험을 할 준비를 시키는 것이다."(43)

여기서 흥미로운 것은, 파농이 베일을 식민적 동질화의 상징으로서 해석하는 것이다. 즉, 남성들의 베일에는 그 지역적 변종들이 존재하지만, 여성들의 베일은 "수정도 변형도 허용하지 않는 유니폼이다".(36) 비록 간접적이지만, 여기서 파농은 두 개의 구조적 조건, 즉 비백인 여성을 특별한 일련의 기준들과 획일화에 종속시키는 **가부장제와 식민주의**에 주목한다.

식민의 시각적 체제가 여성과 알제리를 지배하려 하기 전, 파농이 이 체제를 여성을 알제리로 알제리를 여성으로 연결시키는 것으로 간주한 것은 분명하다. 파농이 주장하듯이, 여성의 '베일을 벗기려는' 식민 통치와 그 시도들은 식민 지배 남성이 피식민지인의 사회와 문화에 "침투"(8, 42)하려는 증상이 된다. "발가벗긴 얼굴들과 자유로운 신체들"은 피식민지 여성에서 식민 지배자 문화로의 (욕망된) 전환을 나타내며, 이 과정이 파농이 말한 '전향conversion'이다. "유럽인의 꿈에서 알제리 여성에 대한 강간은 항상 베일을 찢는 행위 다음에 일어난다."(45) 파농이 "이중의 처녀성 강탈"이라고 말한 것은, 섹슈얼리티와 인종에서 동시에 알제리 여성을 지배하게 되는 과정이다. 이어서 파농은 알제리의 베일 쓴 여성을 알제리 반식민 투쟁의 상징과 그 체현된embodied 실재로서 배치한다. 파농에게는 베일을 쓴 여성이 엄청난 의미를 지닌다. 비록 파농은 실제로 베일 쓴 여성의 주체성에 관심을 갖지는 않지만(Bergner 1995 : 85), 이 여성을 알제리 혁명 정신을 구현하는 존재로 간주한다.(66)

지금도 베일을 쓴 아랍 여성의 '문제'에 대한 서구의 관심은 사라지지 않고 있다. 사실 베일 쓰기 혹은 베일 벗기기 메타포에 내재된 권력 게임에 대한 파농의 통찰은, 21세기 초 "테러와의 전쟁"이라는 수사에서 피억압 무슬림 여성을 구출하는 것이 핵심으로 거론되고 심지어 "확대되어 왔다"는 사실을 고려한다면(Wallach Scott 2007 ; Gilroy 2010 : 19), 오늘날에도 여전히 타당하다.

뿐만 아니라, 파농은 흑인 남성이 백인 여성을 자신의 남성성을 재설정하는 수단으로 간주한다고 주장한다. 우리가 파악한 것처럼, 흑인 남성이 단지 하나의 검은 육체로 축소될 때 식민 기제apparatus는 흑인의 남성성을 파멸시킨다. 그래서 흑인 남성은 단순하게 "백인 여성과 침대로 가고자" 한다는 것이다. 파농은 그 욕망이 "백인이 되고자 하는 소망. 어떤 경우에는 복수에 대한 욕구"(Algérienne : 6)를 나타낸다고 쓴다. 이와 반대로 백인 남성들은 그들의 여성들이 흑인들에게 휘둘릴까 봐 끊임없이 염려한다.(122)

이러한 주장에서 분명한 것은, 여성이 흑인 남성과 백인 남성들 간의 교환 표시로서 순환한다는 것이다.

- 백인 남성은 흑인 남성이 백인 여성을 강간하는 것을 두려워한다.
- 백인 남성은 베일을 찢어 버리고 알제리 여성을 소유하고자 욕망하며, 그래서 상징적으로 알제리 자체를 소유하고자 한다.
- 흑인 남성은 단지 백인 남성 지배자의 손에 거세당한 것에 대한 복수로서 백인 여성과의 성관계를 소망한다.

파농이 명백하게 강조하는 바는, 식민주의의 성의 경제뿐만 아니라 이러한 경제 내에 내재된 폭력의 잠재성이다. 그리고 그것이 지금부터 살펴볼 성과 관련된 그리고 젠더와 관련된 폭력이라는 주제이다.

| 식민주의와 성폭력 |

폴 스콧이 쓴 제국의 대하소설saga《라지 사중주》에 등장하는 경찰관 로널드 메릭Ronald Merrick은 인도인 하리 쿠마르Hari Kumar에게 모욕당한다. 쿠마르는 지배받는 인종임에도 불구하고 더 나은 악센트의 영어를 구사하고, 분명히 높은 계급에 속하기 때문이다.(쿠마르는 자신을 해리 쿠머Harry Coomer라고 부른다.) 쿠마르가 체포되었을 때, 그를 심문한 사람이 메릭이다. 메릭은 이 과정에서 쿠마르를 성적으로 학대한다. 여기서 인종 지배는 성폭력과 겹쳐진다. 메릭의 섹슈얼리티는 갈색 피부의 사람을 포로로 사로잡았을 때 가장 폭력적으로 나타난다. 동시에 그의 인종주의는 성적 학대의 형태로 나타난다. 스콧은 식민지에서 피식민지 남성에 대한 성폭력은, 그 남성을 지배하기 위해 지배자로서 자신의 인종화된 역할을 사용할 수 있는 백인 동성애자로부터 나올 수 있음을 보여 준다.

케닐리의《지미 블랙스미스의 노래》에서 지주 힐리Healy는 하인인 지미가 추천서를 요청하자 그를 모욕한다. 결국 지미는 힐리의 짜증이 그 역시 글을 쓰지 못하는 데에서 나왔음을 알게 된다.(23) 백인 남성은 흑인 하인의 면전에서 제 무능함을 드러낸다. 스콧의 작품에서 쿠마르 혹은 쿠머는 명백하게 둘 중 더 나은 교육을 받은 사람이다. 그리고 메릭이 분개하는 것이 바로 이러한 계급 차이다. 우월한 사회적 지위에도 불구하고, 인종 차이가 백인 메릭에게 권력을 부여하기 때문에 쿠마르는 평범한 죄수로 축소된다. 메릭의 쿠마르에 대한 부당한 혐오는 또한 인도인에 대한 뿌리 뽑기deracination에 그 근원이 있다. 쿠마르가 메릭보다 더 백인처럼 보이기 때문에, 메릭은 자신의 인종적 우월성을 회복하는 수단으로 성폭력과 학대를 사용한다.

백인 남성의 사회적 무능함이 흑인과의 만남에서 드러날 때, 그것은 흑인 혹은 갈색인 남성을 학대하도록 부추긴다. 이러한 학대는 인종화된 식민적 맥락에서 원주민이 힘이 거의 없거나 전혀 없기 때문에 가능하다. 원주민 남성은 쿠마르의 경우에 성적 특성이 부여된 폭력의 대상이 된다.

파농은 다음과 같이 주장한다.

- (동성애를 추가시킨) 성적인 도착 행위와 폭력은 식민 조건에 본질적이다.
- 성적 위계는 도착 행위의 실행을 가능하게 하는 인종 위계와 단절될 수 없다.

파농의 이해에서 성폭력은 인종적 상호작용의 본질 그 자체

4 식민주의, 젠더와 섹슈얼리티 |

로 인해 백인과 흑인, 남성과 여성 모두에게 일반적이다. 백인 남성은 흑인 혹은 갈색 남성들을 공격 대상으로 하는 폭력을 통해 자신의 열등성(메릭과 힐리 모두 흑인 혹은 갈색 피지배자와 비교하여 그들의 열등성을 인식한다.)을 극복하고자 한다.

파농의 정신 병리학 분석에서 흑인 남성은 "공포를 야기하는 대상"(Peau noire : 117)이다. 백인들의 환상 속에서 흑인 남성은 주로(오로지?) 성적 위협으로 기능한다. "깜둥이가 나를 겁탈하고 있어요." 파농은 이것을 흑인 남성과의 성관계, 여성 동성애, 자기 훼손, 백인 여성의 나르시시즘적 환상으로 읽는다. 파농은 다음과 같이 쓴다. "(백인)여성이 흑인에게 강간당하는 환상 속에 살 때, 그것은 어떤 의미에서 개인적인 꿈, 내적 소망의 실현이다. 그 여성을 강간하는 이는 바로 그 자신이다."(138) 유사한 방식으로, 무슬림 남성이 태생적으로 폭력적이라고 보는 유럽인의 관점, 즉 "무슬림의 정신과 피의 연관성에 대한" 유럽인의 관점은 똑같이 강력하게 마음을 사로잡는 어떤 요소를 표현한다.(Les Damnés : 222 ; 파농의 주장에 대한 페미니즘 비평에 대해서는 다음을 볼 것. Doane 1991 ; Brownmiller 1975)

백인 남성에 의한 흑인 여성 강간과 성관계는 식민 지배를 유지하는 판에 박힌 방식들이다.(우드헐Woodhull 재인용, Faulkner 1996) 백인 여성의 이른바 흑인 남성에 의한 강간 환상 역시 그 자체로 식민 관계 속에 있는 도착성perversity의 결과이다. 다시 말해, 현재 신경증에 걸린 흑인 남성이 백인 여성에 대한 (환상적 혹은 실제적인) 강간을 통해 복수를 모색한다면, 백인 여성은 흑인 남

성에 의한 (욕망된?) 강간에 대한 신경증을 발전시킨다.(Sharply-Whiting 1998)

스콧과 케닐리의 이야기는 식민 폭력이 종종 성폭력의 형태 (지미는 결국 소설 속 모든 여성을 살해한다.)를 취한다고 말한다. 그래서 도착perversion으로서 성폭력은 계급, 인종적 우월성, 식민주의와 식민 법의 문제들과 합쳐진다. 식민 조건이 불평등한 사회관계들을 **허용**하기 때문에, 백인 남성은 문맹과 같은 심각한 결함에도 불구하고 피식민지인을 지배하는 권력을 가진 위치에 있다.

파농은 흑인 남성에 대한 식민 지배자의 혐오가 그의 성도착성의 증상이 된다고 주장한다. 동성애를 백인 남성 인종주의자의 영역으로 그리고 쇠약한 상태로 간주하기 때문에, 파농이 보기엔 흑인 남성 동성애자는 상호 배타적이다.(Mercer 1999 ; 그리고 Dollimore 1991 ; Fuss 1994 ; Goldie 1999. 파농의 '동성혐오'에 대한 더 호의적인 해석은 다음을 볼 것. Seshadri-Crooks 2002 ; James 1997 ; Dubey 1998) 백인 여성이 흑인 남성을 두려워하면서도 욕망하는 것처럼, "흑인혐오적 남성은 억압된 동성애자이다".(Peau noire : 121) 파농은 동성애를 (문제적으로) 나란히 배치하며, 성도착 문제에 상당한 지면을 할애한다. 여기서 그는 식민주의의 병리학, 즉 백인 남성과 결합된 인종주의와 동성애 주장의 토대를 파악한다. 그리하여 나오는 것이 '증오 콤플렉스hate complexes'이다. 증오 콤플렉스의 구성 요소는 "결함, 죄의식, 죄의식의 거부, 편집증, 즉 동성애 영역으로 되돌아온다".(Peau noire : 141)

더 나아가, 파농은 백인 남성의 성도착성, 콤플렉스와 잔인성이 그들 역사의 결과라고 주장한다. 즉, 백인 남성은 자신의 조상 중 한 명이 다른 한 명을 살해했다는 것을 알고 있다. 식민지에서 일어날 보복을 두려워하면서, 백인 남성은 조상들의 폭력을 재생산하고 흑인 남성과 주인-노예 관계를 고착시킨다.

강간과 침투에 대한 폭력적 환상은 또한 식민주의의 다른 주제를 이끌어 낸다. 파농은 백인 남성이 품는 폭력적인 성적 환상의 임박한 대상으로서만이 아니라, 반식민 투쟁에서 사용 가능한 무기로서 베일을 쓴 알제리 여성에 관심을 가진다.

| 여성들, 반식민 투쟁과 베일 |

앞에서 인용한 제바르의 《그들 아파트의 알제리 여성들》에서, 알제리 여성은 위협을 느끼는 존재이거나 **위협하는** 존재로 인식된다.

> 지난날 주인은 다른 사람들의 응시를 무력하게 만들면서, 단지 유일하게 존재하는 자신의 응시를 통해 폐쇄된 여성 공간에서 그의 권위를 세웠다. 결국 이리저리 움직이던 여성의 눈길은 이제 비현실적이고 불가사의한 백색 유령이 지나가는 동안, 오늘날 옛 지역에 있는 무어인의 카페들에서 움직이지 않는 **남성들이 갖는 두려움**의 대상인 것처럼 보인다.(Djebar 1999 ; 138, 강조 추가)

관능적 대상으로서 베일을 쓴 여성의 이미지와 선명하게 대조시키면서, 제바르는 여기서 베일을 쓴 여성을 위협으로 제시한다. 지금까지 우리는 베일을 쓴 알제리 여성이 어떻게 백인 남성의 욕망의 대상이 되는지 그리고 식민주의가 자행한 억압의 핵심이 되는지를 파악했다. 파농은 더 나아가 베일을 쓴 여성을 반식민 투쟁과 결합된 존재로 간주한다. 베일은 다음과 같이 식민적 만남 내에서 특별한 가치들을 구현하는 것이다.

- 베일은 식민 지배자가 그 위장偽裝에 침투할 수 없기 때문에, 그를 위협하는 역할을 한다.
- 베일은 알제리 여성이 베일로 가리는 권리를 다시 주장할 때, 무기가 될 뿐만 아니라 위장 도구로 사용될 수 있다.

파농에 따르면, 알제리 반식민 투쟁은 베일을 채택하고 폐기하는 단계를 통해 검토될 수 있다. 첫 단계에서 식민 지배자의 잔인한 법과 만날 때, 베일은 더욱 단단하게 동여매여진다. 이때 '베일에 대한 강한 숭배'가 존재하게 된다. 두 번째 단계에서 알제리 여성도 (여성이 무장하고 공적 삶에 참여하는 것에 대해 기껏해야 양면적인 태도를 취하는 알제리 남성의 다소간의 불안과 저항을 동반하는) 반식민 투쟁에 참여하면서, 그들은 베일을 착용하거나 하지 않는 선택에서 어떤 행위성agency의 향유를 암시하며 베일을 '혁명적 패션'으로 전환시킨다. 그러나 파농은 저개발 국가에서 봉건적 조건이 여성이 정치 운동의 일부가 되는 것을 방해할 것임을 알고 있다. 파농은 이러한 조건에서 "여성보다 남성에게 우선권을 주는 봉건 전통을 영속시키지 않도록" 주의를 기울여야 한다고 경고한다. 상징적인 정치적 표현들에서뿐 아니라, 학교와 의회 같은 "일상적 삶"에서 남성만큼 여성에게 동등한 비중이 주어져야만 한다.(Les Damnés : 141-2)

해방투쟁을 위해 더 다양하고 위험한 일을 하게 되면서, 여성도 젠더에 한정된 역할들을 변경하기 시작한다. 파농은 의식적으로 정신분석적 용어들을 사용하여 혁명의 두 번째 단계에서 일어나는 여성의 행위들을 묘사한다. "알제리 여성은 혁명이라는 살 속으로 침투한다."(Algérienne : 54) 베일은 더 이상 수동적인 묵인 혹은 집착 대상의 표시가 아니다. 오히려 베일은 힘의 표시가 된다. 파농이 제시하듯, 베일을 쓰고 있음에도 불구하고 여성은 힘을 획득하고 인종적 권력관계뿐만 아니라 젠더 권력관계를 와해시킨다. 그리고 세 번째 단계에서 여성은 이른바 '여성—무기woman-arsenal'가 된다. 파농은 강렬한 용어들로 여성 전사들을 이렇게 묘사한다.

권총, 수류탄, 수많은 허위 신분증 혹은 폭탄들을 들고 다니면서, 베일을 쓴 알제리 여성은 서구의 물속에 있는 물고기처럼 움직인다. 병사들, 프랑스 순찰대는 그녀가 지나갈 때 미소를 짓는다. 그녀의 잘생긴 외모에 대한 칭찬이 여기저기서 들려온다. 그러나 그녀의 여행 가방에 곧 4,5명의 순찰대원을 살해할 자동권총이 들어 있다는 것을 어느 누구도 의심하지 않는다.(Algérienne : 58)

'전통적' 여성성은 이 단계에서 전복된다. 베일은 단지 파괴적인(전투적인) 이유에서 다시 출현한다. 즉, 여성은 그녀가 들고 다니는 무기들의 힘을 폭발시키기 전까지 본인의 정체성을 숨기고자 한다. "점령자의 시선으로부터 짐을 숨기고 다시 보호용 하이크로 자신을 가리고자" 한다.(Algérienne : 61)[하이크haik는 아랍인이 머리와 몸에 두르는 직사각형의 천이다.] 여기서 숨김은 전략이다. "아무것도 가지지 않고서 분명히 움직이는 자유로운 손을 보여 주는 것은 적군들을 무장해제시키는 표시다."(62)

이러한 놀라운 해석을 통해 파농은 세 번째 단계에 이르면 여성은 겹겹이 걸쳐 입고, 더 불룩하고 부풀려 보이도록 "일정한 형태 없이" 보이도록 베일을 착용한다고 말한다. 이는 여성이 무기를 숨기고 운반할 수 있도록, 그래서 가냘프고 덜 중요하게 보이도록 축소된 두 번째 단계로부터의 변화를 나타낸다.(62) 이로써 파농의 이해에서 베일은 반식민 투쟁에서 새로운 가치를 획득한다. 추가로 말하자면, 특별한 문화적 관습이 반식민 장치로서의 역할을 수행하는 것이다.(Yeğenoğlu 1998 : 64 ; 이러한 주장에 대한 페미니즘적 비판들은 다음을 볼 것. Mernissi 1987 ; Hatem 1993 ; Mama 1995 ; Fuss 1994 ; Chow 1999. 아프리카계 미국 이론가들이 파농의 '친페미니즘' 입장을 옹호하는 것은 다음을 볼 것. bell hooks 1996 ; Sharpley-Whiting 1998. 바바는 파농이 '남성과 여성을 포함하는 인간성의 현상학적인 특성을 …… 내포하는' 것으로 '남성man'을 간주한다고 말한다. 2008 : xxxvi-xxxvii)

그러므로 베일은 이제 여성이 식민 지배자의 진영을 '침투'하

는 데 일조하는 흉내 내기(역할의 무의식적 가정인 가장masquerade
에 반대되는 의식적 행위), 무기 자체로 출현한다. 여성은 위장을
하고, 아무것도 운반하지 않는 척하며 베일과 원주민 복장 안
에 강력한 무기를 운반한다. 파농은 알제리 여성이 이렇게 자
신을 재창조하고 유럽 근대성에 적응하지만, 그 결과 "진실한
상태의 진정한 탄생"(Algérienne : 50)을 이루게 된다고 말한다. 이
러한 여성의 재창조는 국가의 재창조에 중요하다. "그때부터 알
제리 사람들의 자유는 여성의 역사로의 진입과 더불어 여성의
해방과 동일시되었다."(107)

파농은 식민지를 경험한 포스트—독립 국가에서 여성을 억압
하고 남성적인 것에 가치를 부여하는 봉건 구조를 영속시키지
않도록 경계해야 한다고 말한다. 봉건 구조를 유지하는 것은
식민 파시즘과 가부장제로 회귀하는 것이기 때문이다.(Haddour
2010) 이는 실로 중요한 주장이다. 왜냐하면 여기서 파농의 친페
미니즘적 입장을 엿볼 수 있기 때문이다.

이 같은 남성적이고 가부장적인 민족주의에 대한 우려는 다
른 작가들의 텍스트에서도 발견된다. 나이지리아 소설가 치누
아 아체베Chinua Achebe(1930~)가 쓴 소설 《대초원의 개미탑
Anthills of the Savannah》에서, 주인공 베아트리체Beatrice는 분노
와 슬픔을 모두 담은 어조로 크리스Chris에게 "당신과 관련되는
한, 이 나라의 이야기는 당신들 세 사람(남자들)의 이야기"(1988 :
66)라고 말한다. 여기서 베아트리체는 민족주의와 반식민 투쟁
이 유감스럽게도 가부장제와 밀접히 결합돼 있음을 고발한다.

파농은 이러한 제휴를 바꾸어야 한다고 보는 것이다.

파농의 관점에서 베일은 다음과 같은 것을 나타낸다.

- 혁명가로서 알제리 여성의 재창조(Cornell 2001 ; Dubey 1998)
- 반식민 투쟁 목적을 위한 문화적 상징의 복원

여성이 베일(혹은 총)을 전략적으로 받아들인다면, 베일은 더 이상 가부장적 지배 혹은 '자연스러운' 여성적인 것의 상징으로서 기능할 수 없다. 즉, 총을 집어 드는 행위 혹은 베일을 쓰는 행위는 파농의 분석에서 여성적 행위성을 가진 행위로 간주된다.(혁명가로서 그리고 여성의 행위성으로서 베일을 쓴 알제리 여성의 역할에 대한 반대 주장은 다음을 볼 것. Macey 2000 ; 403 ; Helie-Lucas 1990 ; McClintock 1999. 맥클린톡은 다른 글에서 파농의 이해가 대상으로서 베일이 지닌 어떤 "기호적 순수함"을 취하며, 베일이 여성에게 부과되도록 기여한 구속적인 이슬람 전식민 조건들을 무시한다고 주장한다. 1995 : 365)

'베일을 쓴 알제리 여성 전사'가 던진 과제

파농은 식민 지배에서 젠더와 성의 차원에 깊은 관심을 가졌다. 그의 연구가 보여 주듯이, 모든 식민 지배는 인종 위계와 성 위계 **모두**에 의존하고, 두 위계는 폭력의 가능성을 갖고 있다.

식민지 성의 경제에서 알제리 여성은 흑인 남성과 백인 간의 교환의 표시로서 순환한다. 알제리 여성은 유럽인의 인식과 상상력에서 에로틱한 대상이 된다. 그러나 베일을 쓰고 있기 때문에 침투할 수 없는 대상이 된다. 파농은 백인 식민 지배자가 알제리 여성의 베일을 벗기려는 시도는 알제리 자체를 '침투하려는' 욕망을 나타낸다고 주장한다. 여기서 여성은 국가와 문화 전체의 상징으로서 기능한다.

이러한 성의 경제 반대편에 백인 여성이 있다. 파농은 흑인 남성이 백인 여성을 식민주의가 파괴한 자신의 남성성을 재설정하는 수단으로 간주하기 시작했다고 지적한다. 그래서 흑인 남성은 백인 남성 지배자에게 당한 거세에 대한 복수로서 백인 여성을 강간하는 환상을 가진다.

이러한 환상들은 본질적으로 폭력적이다. 파농은 성적 위계가 인종 위계와 단절될 수 없기 때문에 성도착과 폭력이 식민 조건에 내재적이라고 주장한다. 그리고 반식민 투쟁 안에서 베일을 쓴 여성의 역할을 검토하는 것으로 나아간다. 해방운동을 위해 더 위험한 일을 수행하기 시작하면서, 여성은 이전에 부과된 젠더의 한정한 역할을 바꾸기 시작한다. 여성은 이제 베일 속에 자신이 운반하는 무기의 폭발력을, 더불어 자신의 정체성까지 숨겨야 한다. 그래서 여성의 원주민 복장은 위장 도구로 전환된다. 파농이 주장하듯, 이것은 알제리 여성의 재창조이다. 파농은 이러한 여성의 재창조는 국가의 재창조 자체에서 중요하다고 말한다.

이처럼 파농은 식민 폭력의 본질을 취해 이를 성-젠더의 관점에서 다룬다. 그러나 이것은 파농의 모든 저작 내에서 가장 널리 알려진 논의일 폭력에 대한 확장된 논의의 한 부분일 뿐이다.

제 5 장

폭력에 대하여 I
: 자아의 파멸

Frantz Fanon

| 폭력의 옹호?

파키스탄 작가 뱁시 시드와Bapsi Sidhwa(1938~)가 쓴 인도[파키스탄] 분리 독립을 다룬 소설 《갈라진 인도Cracking India》(1991년 초판 제목은 《얼음과자 인간Ice-candy man》)을 보면, 영국이 인도아대륙을 떠나자 이곳의 이웃들은 지독한 적으로 돌변한다. 이 소설은 공동체 의식communalism이라는 유령이 '구성'되면서 손상을 입은 영국이 피지배자들을 포기한 후, 인도인과 무슬림이 서로 학살하며 혼란 상태로 추락하는 과정을 그렸다.

나이지리아계 영국 작가 부치 에메체타Buchi Emecheta(1944~)의 소설 《도착지 비아프라Destination Biafra》(1982)는 식민지를 경험한 사람들이 서로에게 잔인하게 폭력을 자행한 나이지리아 내전을 다루고 있다. 아체베의 소설도 잔인한 식민 체제의 영향으로 개인의 소외를 넘어 문화 혹은 사회의 소외까지 일어나는 상황을 보여 준다.

앞서 언급한 오스트레일리아 작가 케닐리의 《지미 블랙스미스의 노래》는 어떤가. 식민주의의 억압과 부정의로 영혼이 상실된 것처럼 보이는 '혼혈'인 지미는 설명할 수 없는 폭력으로 폭발한다. 지미가 이해하듯이 야만적인 살인 행위는 비인간적이다. 그러나 백인의 지배 아래 착취당한 원주민으로서 그가 느끼는 분노는 자아의식을 발전시키는 데 비인간적인 희열을 요구한다.

이 소설들은 포스트식민 폭력이 식민주의의 유산, 그것이 이전 식민 지배자의 역할을 물려받은 공동체 의식의 형태이든 경제적 착취이든 혹은 부르주아지 계급의 창조와 같은 유산에서 나왔다고 주장한다.

폭력에 관한 장이 담긴 《대지의 저주받은 사람들》을 전개하면서, 파농은 지속적으로 그의 사상과 관련되는 하나의 주제, 즉 폭력에 대한 입장을 확고히 했다. 그 결과, 파농은 폭력의 사도로 여겨졌다. 이후 몇몇 사상가들(Arendt 1970 ; Taylor 1994 : 65 ; Bulhan 1985 : 137-53 ; Nandy 1992:33-4 ; Serequeberhan 1994)은 파농의 글에서 한편으로는 폭력의 옹호처럼 보이지만, 다른 한편으로는 매우 휴머니즘적인 사상을 발견해 냈다.

파농에게는 두 종류의 폭력이 있다.

첫 번째는 식민적 폭력 혹은 **식민 지배자의 폭력**이다. 이 폭력은 1) 피식민지인의 육체, 2) 피식민지인의 정신, 3) 피식민지인 문화의 소멸로 귀결된다. 이 폭력은 식민주의의 구조 자체에 뿌

리를 두고 있으며 경제적·문화적·심리적·물리적·공간적 영역
처럼 다양한 영역들에서 발생한다.

파농은 피식민지인 쪽에서 출현하는 두 번째 종류의 폭력을
초래하는 것이 바로 식민적 폭력과 그 트라우마라고 주장한다.

두 번째 폭력은 **피식민지인의 폭력**이다. 이 폭력은 식민적 폭
력이 파멸시킨 어떤 존엄성과 자아의식을 회복시키려는 절망적
이고, 불만스럽고, 소외당한 피식민지인의 시도이다. 이 폭력은
반식민 투쟁의 형태를 취한다.

이번 장은 식민적 폭력('폭력 I')을, 다음 장은 피식민지인의 폭
력('폭력 II')을 다룬다.

| 식민적 폭력　　　　　　　　　　　　　　　　　　|

아체베의 《신의 화살Arrow of God》에서 식민지 행정관 윈터바텀
Winterbottom은 오만하게 부하에게 이렇게 말한다.

물론 나는 여기 모은 것을 제외하고 모든 소형 화기들을 모아서 공
개적으로 파괴해 버린 후에 이러한 변화가 왔다고 조심스럽게 말을
할 수 있다고 생각하네. 자네는 종종 그곳으로 여행을 가게 될 걸
세. 만약 자네가 오티지-에그베Otiji-Egbe에 대해 이야기하는 것을
듣게 되면, 그건 그들이 나에 대해 이야기하는 것으로 알면 되네.
오티지-에그베는 '총의 파괴자'를 의미하네. 심지어 나는 모든 아이

들이 '총의 파괴'라는 새로운 동년배 집단에 속하는 그해에 태어났다는 말을 들었다네.(Achebe 1977 : 37)

관리의 폭력 행위는 피식민지인의 문화적 기억 속으로 들어가게 된다. 아체베가 제시하듯이, 억압자의 잔인성과 피식민지인의 어법이나 말투에 담긴 사건에 대한 증상적인 기억 중 어느 것이 더 큰 폭력인지 구별하기란 불가능하다.

가나 극작가 아마 아타 아이두Ama Ata Aidoo(1942~)는 연극 《아노와Anowa》(1970)에서 주인공 코피 아이코Kofi Aiko의 성불구가 제국 지배의 결과일 것이라고 말한다. 그의 성불구는 식민 지배 하에서 약화된 자아의식의 상징이 된다. 심지어 아프리카, 오스트레일리아 혹은 남아메리카 문화의 식민적 '발견'의 역사는 발견으로서 제시되는 백인 폭력the white-violence-cast-as-discovery의 역사라고 해도 과언이 아니다. 오스트레일리아 원주민 작가 무드루루Mudrooroo(1938~)는 다음과 같이 오스트레일리아, 마오리, 그리고 뉴질랜드 역사를 쓴다.

모든 뉴질랜드 학생들은 제임스 쿡 선장의 뉴질랜드 발견과 그 역사적 첫 상륙에 대해 배웠다. …… 그러나 학생들은 쿡의 첫 상륙이 머스켓탄에 심장이 관통당한 테 마로Te Maro라고 불린 마오리족의 살해로 얼룩져 있다는 것은 듣지 못한다.(Crane 2001 : 395, 재인용)

이러한 텍스트들은 아프리카 혹은 아시아 국가의 역사건, 복음주의 혹은 문명화 사명이든 간에 식민주의의 문화적 폭력을 강조한다. 아체베, 아이두, 무드루루가 제시하듯이, 식민주의의 문화적 사명은 지역문화 혹은 원주민 문화의 삭제를 야기한다. 이러한 삭제는 분명 폭력 행위다. 왜냐하면 삭제는 피식민지인들을 그들의 전통, 역사, 문화에서 소외시키기 때문이다.

식민적 폭력의 다양한 형태들과 관련하여 파농이 제시한 중요한 주장들은 다음과 같이 요약될 수 있다.

- 식민주의는 피식민지인들의 일상적 삶의 모든 측면에 영향을 미치는 내재적으로 폭력적인 현상이자 과정이다.
- 식민적 폭력은 식민지의 공간을 재구조화하는 것으로 시작되고, '흑인'과 '백인' 마을에 경계를 정하고 결국에는 자연 자체를 길들인다.
- 식민주의의 폭력은 원주민을 비인간화하고, 원주민의 자아의식을 상실하게 만든다.
- 이러한 비인간화는 흑인이 단지 흑인 신체로서 다루어지고 흑인 신체를 수치스러운 것으로 교육받을 때 시작된다. 파농이 주장하듯이, 피부색과 관련된 것보다 더 심각한 시도는 없다.
- 분노와 좌절이 발생하면서, 이러한 비인간화와 자아 소외는 피식민지인의 히스테리를 초래한다.
- 자아의식을 상실하면서 그리고 단지 백인의 대상이 되면서, 피식민지인은 또한 문화적 트라우마라는 상태로 자신의 문화 관습과 신념을 수치스러워하기 때문에 자신의 문화적 버팀목과 정체

성을 상실한다.

이 요약처럼 식민적 폭력에 대한 파농의 이해는 면밀하게 등급이 나눠져 있다. 파농은 다음과 같이 폭력의 경로를 제시한다.

피식민지인의 신체

↓

피식민지인의 정신

↓

피식민지인의 문화

그러므로 식민주의는 먼저 개별 신체를 목표로 하고, 그러고 나서 정신, 최종적으로 문화 자체를 목표로 한다. 파농이 보여주듯이, 이러한 폭력 경로의 **누적** 효과는 피식민지인의 정신, 존엄성과 문화에 대한 개인적이고 집단적인 철저한 파괴이다. 이제부터 폭력에 대한 파농의 주장을 자세히 검토할 것이다.

파농은 식민주의가 원래부터 폭력적 상태라고 강조한다. 피식민지인 삶의 모든 측면이 끊임없는 폭력의 대상이다. 식민 지배자와 피식민지인 사이의 모든 관계가 폭력적이다. 폭력은 식민 지배자가 피식민지인의 지속적인 복종을 확고히 하고자 사용하기 때문이다. 파농은 폭력의 다양한 형태에 관심을 두었다. 그는 문화통치의 냉정하고 물리적인 폭력, 이러한 폭력의 신체적 발현, 교육을 통한 문화 지배, 원주민들에 대해 이야기하고 그들에게 말을 걸 때 사용되는 언어폭력, 그리고 생체 의학 영역(특히 정신의학)을 탐색했다. 파농은 이러한 것들을 과학주의scientism의 형태가 아닌 원주민에 대한 정교한 폭력 형태로 다루었다.

파농은 식민 체제란 것을 다층적인 단계에서 흑인에게 가해지는 영속적인 폭력으로 간주한다. 이 폭력은 어떠한 정신적 버팀목도, 안정성도, 정체성 의식도 없는 매우 분열된 자아를 초래한다. 파농이 지적하듯, 흑인의 열등 콤플렉스는 '이중 과정', 즉 내면화internalization뿐만 아니라 무엇보다도 경제적 과정 혹은 이른바 이러한 열등감의 '표피화epidermalization'의 결과이다.(Peau noire : 4)

| 지역, 지리, 공간의 폭력 |

식민적 폭력은 지리-공간적 폭력 행위로 시작된다. 즉, 그 출발점은 식민 지배자의 세계와 피식민지인 세계의 물리적 분리(파농의 "적지enemy territory" 개념, Les Damnés : 80)인 것이다. 식민 세계는 구획된(구분된) 세계이다. "식민화된 세계는 두 개로 구분된 세계이다. 그 구분선, 경계는 병영과 경찰서로 표시된다."(Les Damnés : 3) 식민 세계는 질서가 잡혀 있고, 평화로우며 정돈되어 있지만, 피식민지인의 세계는 "공간이 없는 세계이고, 사람들이 다른 사람 위에 차곡차곡 쌓여 있으며 판잣집들이 서로 빽빽이 비집고 들어간 곳이다".(4) 피식민 구역은 "빵, 고기, 신발, 석탄과 전등이 부족한 굶주린 지역이다".(4) 기술 혹은 유럽 근대화를 통한 토지의 식민화는 덤불과 정글을 제외하고는 피식민 구역을 쉽게 알아볼 수 없게 만든다. 지리적이든 인구학적이든 이러한 모든 공간의 이중적 본질은 바로 식민주의의 중심적 조건이다.

영토에 가하는 식민주의의 폭력은, 원주민이 대대로 사용해 온 토지를 재질서화하는 것이다. 그것은 사람들을 제멋대로 구분하여, 종종 오랫동안 공존해 온 사람들 간에 심각한 분열을 야기한다. 소말리아 소설가 누루딘 파라Nuruddin Farah(1945~)는 《지도들Maps》(1999)의 인상 깊은 대목에서 식민주의의 지리적 폭력을 이렇게 묘사한다.

> 다른 어떤 사람은 여행자들이 "존재하지 않은," 즉 소말리아인이 결코 인정하지 않았기 때문에 존재하지 않는 경계가 있었던 곳을 들를 것이라고 주장했다. …… 소말리아인이 아닌 사람들, 그들은 완전한 이방인이거나 혹은 잘 알지 못하기 때문에 지도를 자세히 보았다. 그 지도에서 그들은 소말리아 사람들을 다른 사람들과 나누려고 그려진 굽은 선을 발견했다.(Farah 1999 : 132)

나이지리아 극작가이자 시인인 소잉카도 사람들을 구분하는 식민주의의 지리적 폭력을 지적한다.

> 나는 내가 태어난 공간으로서, 그래서 정의와 윤리적 삶을 추구하기 위해 거주하고 있는 사람들과 협력해야만 하는 공간으로서 나

이지리아라는 실체를 받아들인다. '지역 보전territorial integrity'과 '경계들의 신성불가침'과 같은 표현들, 식민 권력의 일방적 결정을 비굴하게 찬양하는 이러한 식민지 주인-노예 유산의 잔재는 이와 같은 맥락에서 무의미하다.(Soyinka 1996 : 133)

지리적 폭력은 파라와 소잉카의 언급이 제시하듯 문화적 소외를 초래한다. 콩고 철학자 겸 소설가이자 비평가인 무딤베v. Y. Mudimbe(1941~)의 다음과 같은 언급, 즉 식민주의는 "물리적 공간의 지배, 원주민 정신의 재형성이고 지역의 경제 역사들을 서구적 관점으로 통합하는 것"(Mudimbe 1988 : 2)이었다는 지적은 파농을 상기시킨다.

파농이 제시하듯, 자연 자체는 문화의 식민화, 심지어 상상력의 식민화로 길들여지고 식민화되고 맞추어진다. 병영, 경찰서, 국경, 장벽과 병원과 같은 식민 기관의 기호들은 곳곳에 흩어져 있다. 철도 건설과 습지에 배수 시설을 짓는 것은 지형을 바꾼다. 이러한 변형은 토지의 근대화로 다루어지며, 모든 개발은 백인에게서 나오는 것으로 간주된다.(Les Damnés : 182) 이 또한 폭력적인 행위다.

《검은 피부, 하얀 가면》에서 파농은 식민적인 피부색 편견과 그 폭력적 경향을 나타내고자 **공간적** 비유를 사용한다. 정신의학적 경험을 이야기하면서, 파농은 밀실공포증을 느낄 만큼 피부색에 사로잡힌 존재의 조건을 서술한다. "나는 벽 안에 감금되어 있었다."(Peau noire : 89) "흑인성이라는 사실"은 또한 공간적 실재인 것이다. 즉, 흑인 신체의 피부는 식민 상황에서 사회적 경계들을 결정하는 경계이다. 파농은 자신이 어떻게 계속해서 '흑인 의사' 혹은 '흑인 선생님'으로만 언급되는지를 이야기한다. 파농을 "표시했던" 것은 그의 "세련된 방식들 …… 문학 지식, 혹은 …… 양자 이론에 대한 이해"가 아니라 그의 피부색이었다.(89) 그래서 피부는 피할 수 없는 올가미, 제한된 공간이다. 그는 자신이 "치명적인 대상성objecthood에 봉인되었음을"(82), "사물성thingness"에 봉인되었음을 발견한다. 이것이 흑인이 항상 자기 자신을 바라보는 방식이다. 다시 말해, 항상 다른 무엇과 불리하게 비교하면서 바라보는 방식이다. 파농은 이러한 비교가 신체와 피부의 공간들을 포함하여 점유된 공간의 수준에서 발생한다고 말한다.

| 체현된 폭력과 자아 소외 |

식민적 폭력은 신체적·물리적 형태를 취한다.《검은 피부, 하얀 가면》의 잊을 수 없고 잊히지도 않는 글을 보자.

나는 백인들의 시선과 마주쳐야만 했다. 낯선 부담이 나를 짓눌렀다. 백인의 세계에서 유색인은 그의 신체적 도식을 발전시키는 과정에서 곤경에 처한다. 북소리들, 식인 행위, 지적 결함, 물신숭배, 인종 결함 등이 나를 망가뜨렸다. 나는 나 자신의 존재로부터 아주 멀리 벗어나 있었다. 그것이 나의 검은 피가 온 육신에 흩뿌려진 절단, 절개, 출혈이 아니라면 나는 도대체 무엇이겠는가?(Peau noire : 84-5)

여기서 파농은 우선 "인종적 피부" 도식으로서 흑인 **신체**에 가해진 폭력으로 트라우마를 강력하게 전면에 내세운다.(84) 흑인의 정체성은 피부색에 제한되고 기록된다. 신체의 표면인 피부는 인종 정체성의 핵심적인 초점이다.(Gauch 2002) 백인은 단지 흑인 피부만 보며, 이것이 모든 식민 관계의 토대가 된다. 흑인은 피부와 신체로 축소되며, 깊이 없이 외양만 남는다.

식민적 폭력의 체현된 본질과 흑인 신체에 새겨진 인종적 식민 담론은 파농의 중요한 관심사였다. 파농의 이해에서 흑인 신체는 파편화되고, 사라지고 파열된다.(Prabhu 2006) 알제리 경찰이 알제리 혁명가들에게 행한 고문을 언급하면서, 파농은 이러한 사디스트적인 방식이 바로 지배자와 피지배자 관계의 본질에 내재돼 있다고 주장한다.(Africaine : 66) 그래서 신체에 대한 폭력은 식민 조건의 특징이다. 백인이든 흑인이든 모든 신체는 식민 상황에서 "그 자신의 특수성에 봉인되어"(Peau noire : 31) 있다. 흑인이 백인의 시각을 통해 자신을 보도록 강요받을 때, 그 결과는 자아의식의 상실이다. "마다가스카르에서 백인의 도착은 사고 범위뿐만 아니라 심리적 메커니즘에 엄청난 충격을 주었다." (Peau noire : 72) 흑인 신체는 느끼고 생각하는 신체라기보다 대상이 되어 버리고, 영혼도 없이 식민적 사물의 도식 속에서 폭력에 노출되었다.

백인의 전망은 말 그대로 흑인의 신체를 부수어 버리고, 그 결과 백인의 시선으로 자신을 바라보게 된 흑인은 자신을 분열되고 훼손된 존재로 간주한다. 즉, '구토nausée'의 상태에 이른다.(Peau noire : 84 ; 파농의 '구토' 개념에 대해서는 다음을 볼 것. Ahluwalia 2003) 구토는 '탈구dislocation'(파농의 용어), 즉 파농이 말하듯 전체 인종에게서 흑인이 거부되고, "증오 받고, 멸시되고 혐오당한"(Peau noire : 89) 결과 자신의 자아를 역겨워하게 된 감정이다. 즉, 백인에 의해 거부되어 온 흑인이 자기 자아로부터 철저히 소외당하는 감정이다. 구역질나는 흑인 육체는 엄청난 격변을 겪으며 결국 정체성의 위기를 초래한다. 그러므로 흑인에 대한 구토가 출현하는 계기는 바로 백인의 **응시**다. 흑인은 이제 자신을 단지 천한 검은 육체로만 의식한다.(비평가들이 제시하듯, 흑인을 검은 육체로 구성하는 백인의 응시에 대한 강조는 남성의 응시가 여성을 단순한 육체로 구성하는 방식과 유사하다. 다음을 볼 것. Bergner 1995) 이러한 구토는 식민주의의 정신적 폭력의 결과이고, 이는 흑인 자아의 소멸을 초래한다.

파농은 백인의 정신병 치료가 종종 이러한 피식민지 아프리카인들을 '히스테리 상태'로 진단하고 판단하는 것에 주목한다. 이러한 백인의 진단은 전적으로 정신분석학에 의존하고, 그 히스테리의 사회적 조건을 무시한다. 파농이 주장하듯이, '히스테리'는 소외된 정신의 신체적 발현이다. 흑인의 히스테리를 구성하는 이미지와 기호들은 바로 식민주의가 만든 폭력적인 인종 상황과의 실제적이며 고통스러운 만남을 가리키는 기표이다.(Gordon 2006 : 15) 파농은 육체의 발작과 뒤틀림이 고통당한 자아의 "배출구"라고 주장한다.(Les Damnés : 19) 따라서 피식민지인은 좌절당한, 소멸되는 자신의 정신적 에너지를 쏟아 낼 수단을 찾아야 한다. 파농이 보기에, 종족과 공동체의 춤은 식민 지배자에 대한 분노를 표출하는, 강압적인 상황에서 벗어나는 방법을 제공한다. 파농은 분노가 "다른 데로 돌려지고, 변형되고, 고무된다"고 적는다. 상징적 살해와 극단적 폭력을 담고 있는 이러한 춤은, 본질적으로 피식민지인이 사용할 수 있는 소수의 표현 양식 중 하나이다.(19-20)

파농이 여기서 검토하는 것은 식민 지배에 대처하는 메커니즘이다. 파농이 이 메커니즘을 종족의식과 지역 문화 관습에 위치시키는 것은 흥미롭다. 왜냐하면 결국 이것이 문화민족주의를 구성하는 관습들의 복원이기도 하기 때문이다. 그러므로 폭력은 춤, 주술, 음악과 같은 원주민 발화 혹은 표현들로의 복원을 촉진시킨다. 이러한 많은 관습과 제의들은 잊혀져 왔지만(Les Damnés : 20), 민족주의라는 목적, 즉 포스트식민 국가를 특징짓는 프로젝트에 이용될 수 있는 것이다.

| 헤게모니, 폭력, 문화적 트라우마 |

내가 이 원숭이가 한다고 말하는,

이 원숭이가 하지 않는다고 말하는 모든 것을 뭐라고 말해야 할지 모르겠네.

내가 앉으면, 원숭이도 앉는구나.

이 원숭이가 하지 않는 것을 뭐라고 말해야 할지 모르겠네.

데릭 월콧Derek Walcott의 《원숭이산의 꿈Dream on Monkey Mountain》(1970 : 223)에 나오는, 원주민 마카크Makak가 백인의 방식을 모방하는 것에 대해 레스트레이드Lestrade가 말한 것이다. 가능한 한 백인이 되고자 하는 피식민지인에게 보내는 식민 지배자의 경멸을 매우 야만적으로 잔인하게 포착했다. 결국 피식민지인은 조롱의 대상이 되는 것으로 종결된다. 이러한 흉내 내기는 식민주의에서 원주민의 폭력적 삭제와 그로 인해 피식민지인들이 경험하는 문화적 트라우마의 결과이다.

《지미 블랙스미스의 노래》에서 지미는 공동체의 오랜 생활 방식이 식민주의에 파괴되었음을 알게 된다.

툴람Tullam과 문가라Mungara는 이제 무엇을 의미하는가? 종족 사람들은 바람이 닿지 않는 호텔의 외부 변소에서 질이 낮은 헌터 리

문화적 트라우마Cultural trauma
문화적 트라우마는 한 집단의 구성원들이 그 집단의식에 지워질 수 없는 영향을 남긴 끔찍한 사건을 그들이 겪었다고 느낄 때 발생한다.(Alexander 2004 : 1) 문화적 트라우마는 공동체 전체의 정체성의 상실이다.

버Hunter River 셰리주를 토해 내는 거지가 되었다. 치아가 처음으로 나기 시작할 때 보살펴 주었던 종족 어른들, 각자의 흙으로 만든 돌이 숨겨진 곳을 알고 있고 그 돌을 구별하는 방법을 알고 있었던 종족 어른들은 브랜드 한 병을 마시기 위해 그들의 아내를 백인 남자들에게 빌려줬다.(Kenaelly 1973 : 7)

월콧과 케닐리에서 볼 수 있듯이, 원주민 문화는 모방하는 사람, 존엄성이 없는 원주민, 문화 정체성 자체의 상실과 더불어 부패한다. 파농은 〈인종주의와 문화〉에서 문화적 트라우마를 다음과 같이 정의한다.

우리는 문화적 가치와 생활 방식의 파괴를 목격한다. 언어, 의복, 기술은 평가 절하된다. …… 사회적 전경은 파괴된다. 가치들은 무시당하고, 짓밟히고, 공허해진다. …… 가치의 새로운 체계가 부과된다.(Africaine : 33-4)

"열등한" 피식민지인은 "책, 신문, 학교와 식민 지배자의 텍스트, 광고, 영화, 라디오"와 같은 문화 기제를 통해 진행되는 헤게모니적 지배의 체계적이고 폭력적인 과정으로 구성당한다.(다음의 책은 파농이 라디오뿐만 아니라 청취와 목소리들에 부여하는 의미를 지적한다. Peau noire : 118 ; Ian Baucom, 2001) 《대지의 저주받은 사람들》에서 파농은 식민 상황의 폭력이 그 매개체들에 의해 "원주민의 가정과 정신 속으로 들어"온다고 주장한다.(Les Damnés : 4)

백인문화의 가치, 신념과 편견들은 문화적 지배라는 결과를 산출하고자 아프리카 민족과 정신에 이식된다. 식민화된 인종의 집단무의식은 검은 피부를 추함, 죄악, 어둠과 동일시한다. 파농이 주장하듯 식민적인 고정관념과 사고방식은 흑인에게 그가 비도덕적이라고 확신시키기 때문에, 도덕적인 흑인은 있을 수 없다.(Peau noire : 148-9) 그 결과는 강제적인 피식민지인의 문화 말살이다.

그래서 파농은 (앞서 논의된) 토지, 흑인 육체와 정신에 대한 폭력을 문화적으로 영속화된 폭력과 연속된 것으로 간주한다. 여기서 파농은 헤게모니와 문화적 트라우마로서 폭력의 정신적 형태에서 폭력 그 자체의 분석으로 전환한다. 파농은 정신적 그리고 개인적 폭력이 피식민 사회 전체의 수준에서 영속된, 더 폭넓은 문화적 폭력의 더 협소한 형태일 뿐이라고 주장한다. 수많은 포스트식민 작가들은 이러한 (파농적인) 문화적 트라우마의 조건을 인식한다.

케냐 활동가이자 소설가인 응구기 와 시옹오Ngũgĩ wa Thiong'O (1938~)는 《샛강The River Between》에서 이렇게 쓴다. "백인이 시리아나Siriana에 왔었고, 조수아Joshua와 카보니이Kabonyi가 개종을 했다. 그들은 산등성이들을 버리고 새로운 신념을 따랐다." (1965 : 5) 짐바브웨 소설가 치치 당가렘브가Tsitsi Dangarembga가 쓴 《불안한 조건들Nervous Conditions》에서, 조상이 살던 마을을 떠난 응하모Nhamo는 귀향 후 자신이 더 이상 원주민 문화와 관계할 수 없음을 깨닫는다. 당가렘브가가 썼듯이, "가난이 그를 괴

롭히기 시작했다",(1988 : 7) 소잉카의 《죽음과 왕의 마부》에서 엘레신Elesin은 피식민지인의 문화와 정신에 가해진 식민적 폭력에 대한 작가의 맹렬한 비난 속에서, 그 폭력을 겪는 범주에 속하는 인물이다. "(그것은) 나를 말로 표현하기 어려운 이방인들의 수중에 들어간 젖먹이로 바꾸어 버렸다. …… 나의 의지는 이질적인 인종의 타액 속에서 진압당했다."(1984 : 211-12) 응구기, 당가렘브가와 소잉카는 생활 방식의 파괴와 그에 따른 소외의 문화적 트라우마를 지적한다. '진압당한 의지'는 식민주의에서 자아의 소멸이다.

파농은 언어야말로 문화적 트라우마가 발생하는 중요한 영역이라고 본다. 그리고 흑인의 정체성은 식민 지배자 언어의 유창함을 획득하는 능력에 달렸다고 주장한다. "앤틸리스 흑인은 프랑스어를 완전하게 습득하는 것과 정비례하여 백인에 더 근접해질 것이다. 즉, 진정한 인간에 더욱더 근접하게 될 것이다." (Peau noire : 8) 그리고 나중에는 "하나의 언어를 말하는 것은 하나의 세계를, 하나의 문화를 취하는 것이다. 백인이 되고자 하는 앤틸리스 흑인은 언어라는 문화적 도구를 완전하게 습득할수록 더 백인이 되어 갈 것"(Peau noire : 25)이라고 썼다. 이 같은 원주민을 파괴하는 문화적 무기로서의 유럽 언어는 포스트식민 문학의 일반적인 주제가 된다.

파농은 식민시기 혹은 식민 문화에 향수를 느끼며 그것에 뿌리를 두고 있는 과거 피식민지인을 풍자하는 루시디, 카리브해 출신 영국인 나이폴V. S. Naipaul(1932~), 소잉카를 예견이라도 한 것처럼 보인다.

어떠한 극적인 일도 우리 민중의 의식 깊은 곳에서 발생하고 지속
된 합법화된 인종주의, 문맹, 시대사상을 우리가 망각하도록 하지
못할 것이다.(Africaine : 101)

이 글에서 파농은 식민주의의 유산을 이야기하고 있다. 루시
디의 《한밤의 아이들Midnight's Children》(1981)에서, 메스월드 에스
테이트the Methwold Estate는 흉내 내는 남자들과 여자들로 가득
차 있다. 루시디는 백인보다 더한 백인이 되고자 하는 피식민지
인의 욕망을 조롱한다. 이곳에서 인도인들은 완벽한 영국 억양
을 구사하려 애쓰며 '버킹엄', '산 수시', '에스코리알', '베르사유'
같은 집에 거주한다. 루시디가 제시하듯, 바로 이러한 사람들의
의식은 식민 지배자의 문화와 접촉하면서 바뀌었다.

이전 장에서 우리는 이미 《죽음과 왕의 마부》의 식민 지배자
들과 같이 말하고 행동하고자 하는 원주민을 소잉카가 어떻게
풍자했는지를 살펴보았다. 이 유산은 나이폴의 《중간 항로The
Middle Passage》에서 과거 식민지 사람들이 자기 문화를 폐기하
고 이전 유럽 지배자들을 모방하는 행태로 나타난다. 나이폴은
트리니다드인들과 그들의 문화 말살을 다음과 같이 묘사한다.

무식한 태도를 가지고 돈만 추종하는 공동체는 정신적으로 그 뿌
리와 단절되어 있고, 이러한 공동체의 종교는 철학도 없이 속물적

인 식민 사회에 맞추어진 제의들로 축소된다. 역사적 사건들과 민족적 기질이 결합하면서 트리니다드 인도인은 백인보다 더한 속물로, 완전한 식민지 주민으로 바뀌어 가고 있다.(1969 : 89)

(아이로니컬하게도, 서구식 이름을 가지고서 미국식 억양과 문화 정보를 정성 들여 습득한 젊은 인도 남자들과 여자들이 인도의 콜센터에서 미국 고객들에게 전화 서비스를 제공하는 것처럼, 전지구화globalization는 유사한 모방을 초래한다. 다음을 볼 것. Shome 2006) 나이폴은 또 다른 작품 《도착의 수수께끼The Enigma of Arrival》에서, 어렸을 때 소떼가 없는 트리니다드 섬에서 연유 깡통에 그려진 동물을 보며 소의 모습을 떠올렸다고 말한다. 그래서 영국 시인 토머스 그레이Thomas Gray의 유명한 시 〈시골 묘지에서 쓴 애가Elegy Written in a Country Churchyard〉에 나오는 "우는 소떼는 풀밭을 누비고 있네"가 그에게 어떤 의미를 주었는지를 묘사한다.(1987 : 38, 80, 297) 이 묘사는 서구 문화가 어떻게 원주민들로 하여금 서구인들처럼 이야기하고 생각하고 심지어 꿈꾸도록 그들의 의식과 상상에 폭력적으로 침투했는지를 보여 주는 전형적인 예가 된다.

우리는 자넷 암스트롱Jeanette Armstrong이 쓴 〈이것이 이야기다This is a Story〉(1996)에서 이러한 문화 말살의 예를 보게 된다. 백인 이주민들이 강을 막아 댐을 만들면서 원주민 음식의 주된 원천인 연어의 이동이 차단된다. 이후 원주민들은 백인의 음식을 먹기 시작한다. 백인 음식의 '편입incorporation'은 암스트롱 소설의 주인공 키오티Kyoti가 식민 지배자의 문화에 동화되면서 잃

어버리는 원주민 문화의 상실을 가리킨다. 소잉카, 당가렘브가, 응구기와 나이폴처럼 암스트롱도 식민주의의 도래와 함께 진행된 폭력적인 원주민 '문화 말살'에 관심을 가진다. 단지 백인의 언어로 생각하기 시작한다고 해서, 식민 지배자의 음식 혹은 문화를 섭취한다고 해서 원주민이 흑인 혹은 황인이 아닌 것이 아니다. 그들은 추방당하고 '백인처럼' 되는 것이다. 심지어 흑인, 곧 원주민 지식인이 식민주의 사상을 비판하고자 할 때도, 그는 이미 배치당한 영역 외부에서는 생각하거나 말할 수 없다. 그 영역은 지역과 종족의 영역이라기보다 '대륙'과 '국가'의 영역이다. 파농은 이러한 흑인 사유의 완전한 지배를 "사상의 인종화"라고 부른다.(Les Damnés : 150) 파농이 식민적 폭력의 핵심으로 간주한 것이 바로 이러한 문화적 소외이다.

파농의 다음과 같은 주장은 현재 포스트식민 이론에서 확립된 주제들을 보여 준다.

- 식민 지배를 가능하게 하는 것은 폭력적인 환원주의reductionism이다. 이 상황에서 피식민지인은 고정된 체계 속에 동결되며, 피식민지인은 악의 전형("악의 정수". Les Damnés : 6)으로 축소된다.
- 이러한 환원주의는 결과적으로 원주민을 비인간화시킨다. 즉, 원주민은 식민 기제에 의해 동물로 언급되거나, 묘사되거나, 간주되기 때문에 자신을 동물처럼 여기게 된다.

파농은 다음과 같이 언급한다.

그(식민 지배자)는 황인의 파충류와 같은 움직임, 원주민 지역의 악
취, 과도한 번식, 불결함, 자식들, 몸짓들에 대해 이야기한다.(Les
Damnés : 7)

분류와 명칭을 부여하는 행위는 원주민을 동물로 비인간화시
키는 데 기여한다. 원주민이 지닌 문화 정체성의 파괴는 주체성
의 소멸을 초래한다. 식민주의에서는 어떤 사람이 다른 사람이
되는 것이다. 피식민지인은 개인들로서 그리고 하나의 문화로서
모든 행위성을 상실한다. 이것은 개인과 공동체 혹은 집단들의
차원에서 분명히 나타나는 식민주의의 문화적 트라우마이다.

이러한 지속적인 폭력의 결과, 원주민은 자신의 자아가 천천
히 철저하게 파괴당하고 있다는 사실을 알게 된다. 파농은 피
식민지인이 자아의식, 인성과 주체성, 혹은 이른바 "자아의 추
방"(Algérienne : 65)을 상실하게 되는 조건으로 식민주의를 제시했
다. 물론 이 억압적인 불안과 폭력이 피식민지인들에게서 나타
나는 유형이 있다. 파농이 보여 주듯이, 식민 폭력으로 개인적
자아와 집단적 문화 정체성이 파괴될 때, 이 양쪽 차원에서 대
항 폭력이 출현한다. 다음 장에서 집중해서 살펴볼 점이 바로
자아의 **재구성** 전략으로서 폭력의 역할이다.

식민 폭력이 초래하는 비인간화와 자아 소외

파농의 식민주의 분석은 폭력에 집중된다. 파농이 보기에 식민주의는 항상 그 본질상 폭력적인 과정이며, 그래서 피식민지인의 일상적 삶의 모든 측면에 영향을 미친다. 식민 폭력은 식민지의 물리적 공간을 재구성하면서 시작된다. 그것은 '흑인'과 '백인' 마을의 경계를 정하고 결국은 철도, 도로, 운하들로 확장되어 자연을 길들인다. 뿐만 아니라, 식민 기제는 개인들에 대한 폭력을 지속시키는 데 맞추어져 있다. 흑인은 단지 검은 육체로 간주되고, 그는 그 육체를 수치스러워 하도록 교육받는다. 파농이 주장하듯이 피부색과 관련된 것보다 더 심각한 시도는 없다. 여기에 더해 경찰, 법, 고문과 같은 식민주의 내의 물리적 폭력 형태에 대한 공포가 항상 존재한다. 동시에 체현된 폭력 그리고 정신적 폭력은 비인간화와 자아 소외를 초래한다. 분노와 좌절이 형성되면서 피식민지인은 히스테리를 보인다.

파농은 식민적 폭력이 미치는 범위는 개인의 육체와 정신에 멈추지 않는다고 주장한다. 피식민지인은 문화적 트라우마 상태에 처하면서 자신의 문화 관습과 신념들을 수치스러워하기 때문에 결국 문화적 버팀목과 정체성마저 상실하게 된다. 원주민은 자신의 문화 관습들에서 벗어나기 시작하고 지배자의 문화 관습을 채택한다. 이러한 탈구는 피식민지인의 소외를 완성시킨다. 즉, 피식민지인은 자기 자신뿐만 아니라 자신의 문화와도 단절된다. 파농이 주장하듯이 서구 정신병 치료는 원주민의 히스테리를 초래하는 식민적 폭력을 인식하지 않는다.

이제 우리는 폭력과 관련된 파농의 핵심 논지를 검토해야 하는 지점에 이르렀다. 그 핵심 논지는 피식민지인의 폭력이 식민 체제에 내재하는 파괴적인 폭력에 대한 대응이라는 것, 피식민지인의 폭력은 사실상 재구성적인 측면을 가진다는 것이다. 이것이 다음 장의 주제이다.

제 6 장

폭력에 대하여 II
: 자아의 재구성

Frantz Fanon

| 폭력, 사회적 프로젝트/개별 프로젝트 |

앞 장에서 파농이 식민적 폭력을 어떻게 분석했는지를 검토했다. 이 분석은 식민적 폭력이 토지, 피식민지인의 개별 육체, 정신을 어떻게 바꾸고 심지어 파괴하는지를, 그리고 결국 문화적 트라우마의 상태에서 그들의 역사와 문화로부터 피식민지인과 그의 공동체를 어떻게 소외시키는지를 보여 준다. 이는 자아를 파괴하는 폭력이다. 그러나 파농의 폭력 비판은 이러한 폭력을 구성하는 요소에서 끝나지 않는다. 파농은 피식민지인이 자아를 회복하는 수단으로서 폭력으로 나아가는 방식에 관심을 둔다. 피식민지인에 의해 재구성되고 복원된 이러한 폭력이 이번 장의 주제이다.

파농은 《대지의 저주받은 사람들》에서 "피식민지인은 폭력으로 그리고 폭력을 통해서 자신을 해방시킨다"(44)라고 썼다. 오랫동안 대지에 내버려진 식민화된 원주민은 폭력의 형태를 취하는 반식민 저항의 형태에서 처음으로 새로운 자아를 만들고자 한다. 그래서 폭력은 피식민지인이 억압을 깨닫는 의식과 자각이 일어나는 순간보다 선행한다. 그리하여 이 인식이 시작되면, 억압자에 대항하는 폭력적 봉기가 발생한다.

이번 장에서 살펴보겠지만, 파농에게 폭력은 두 개의 특별한 목표를 지향하고, 두 종류의 폭력과 상응한다.(여기서 나는 다음의 주장들을 채택하고 있다. Kawash 1999 ; Seshadri-Crooks 2002)

1. 첫 번째 목표는 반식민 투쟁의 형태로 식민 지배자의 전복이다. 반식민 투쟁의 폭력은 '수단이 되는 폭력'이고, 본질적으로 전체로서 공동체를 지향하는 사회적 프로젝트이다.

2. 두 번째 목표는 첫 번째 목표에서 나온다. 파농이 주장하듯이, 반식민 투쟁 과정에서 피식민지인의 자아실현과 주체성 회복이 달성된다. 이 회복된 주체성, 존엄성과 정체성은 죽음과 소멸이라는 결과로 이어질 수도 있다. 그러나 이 소멸은 기꺼이 "해체 dissolution"(Peau noire : 170)를 받아들일 것이라는 파농의 주장대로, 비참한 상태라기보다 선택과 자아성 중 하나가 될 것이다. 파농이 새로운 정체성과 휴머니즘의 가능성을 찾는 것은 바로 자아실현으로 나아가는 이 폭력의 두 번째 형태이다. 자아를 재형성하려는 이러한 종류의 폭력은 '절대적 폭력'이고, 본질적으로 개별 자아를 지향하는 개별 프로젝트이다.

수단이 되는 폭력이 식민 상황이 삭제해 온 원주민의 문화 정체성을 재정립하는 것이라면, 절대적 폭력은 식민 지배자의 모욕으로 매장된 자아를 회복하는 것이다. 새로운 정체성을 가진 해방된 자아는 '새로운 인간들'이 출현하는 순간을 나타낸다. 이러한 '새로운 인간들'이 하나의 집단으로 모일 때, 이 세계에서 완전한 단절을 만들어 낸다.

파농이《검은 피부, 하얀 가면》의 결말로 나아가며 제시하듯이, 새로운 자아가 실현된 원주민으로부터 '행위적인actional' 인간이 출현하고, 이 상황에서 과거의 노예는 "인간 세계를 구성하는 기본 가치들"(173)을 존중하고 사랑하는 본래의 능력을 회복한다. 그러므로 폭력은 1) 흑인 혹은 피식민지인을 위한 새로운 주체성과 문화 정체성, 2) 새로운 휴머니즘의 예비 단계가 된다. 그러나 명심할 점이 있다. 즉, **파농에게 폭력은 항상 자기결정**self-determination**과 정체성 형성의 경로가 된다**는 점이다. 폭력은 피식민지인들이 그들의 자아—정체성을 형성할 수 있도록 하며, 그 결과 그들이 새로운 사회질서를 계속해서 건설할 수 있도록 한다.(Gordon 1995 : 71 ; Roberts 2004 : 142-3)

주목하듯이, 파농은 폭력 그 자체를 강조하지 않는다. 그는 폭력을 억압된 피식민지인이 자신을 표현할 수 있는 회복, 대응 그리고 해방적인 힘으로서 다룬다. 백인의 폭력에 대한 대응이고 식민 체제를 전복시키려는 폭력이기 때문에, 반식민 투쟁에서 폭력이 사용될 때 그것은 수단적인 폭력이 되어야 한다. 그래서 반식민 투쟁의 폭력은 반대쪽 극pole이 식민적 폭력인 **변**

증법적 대립의 한 부분이다. 백인과 흑인 간의 모든 관계는 폭력으로 구축되었다. 따라서 식민 체제의 본질 자체가 낳은 폭력의 변증법이 고착되면서, 피식민지인이 반식민 투쟁에서 선택할 수 있는 거의 유일한 방법이 폭력이 되었다. 더군다나 식민 관계는 폭력으로 지속되기 때문에, 이 관계를 종식시킬 수 있는 유일한 방법은 추가적인 폭력, 즉 이번에는 피식민지인의 폭력을 통한 방식이 된다. 피식민지인을 폭력으로 이끄는 것은 개인과 문화의 소외와 소멸이라는 절망적인 식민 상황인 것이다.

이제 우리는 파농이 탐색한 폭력의 첫 국면을 살펴볼 것이다. 즉, 수단적인 반식민 폭력이다. 그 다음으로 파농의 논의에서 반식민 투쟁 폭력이 어떻게 피식민지인의 새로운 주체성 형성으로 이르게 되는지를 살필 것이다.

| 반–식민 투쟁들과 수단적인 폭력 |

식민적 맥락에서 파농이 주장하는 폭력의 필요성은 다음과 같은 핵심적인 견해들을 포함한다.

- 식민주의에서 정치적 공간의 본질은 그야말로 극도로 왜곡되어 있고 배타적이다.(Sekyi-Otu 1996 : 87) 즉, 아프리카인은 정치체제에서 아무런 역할도 하지 못한다. 이 체제는 백인이 전적으로 통제하고, 여기서 아프리카인은 단지 수동적 대상일 뿐이다.

- 폭력은 이러한 정치적 공간에서 아프리카인의 역할을 주장하는 수단이다.
- 그러므로 폭력은 정치적 공간의 본질을 재정의한다.

식민주의의 맥락에서는, 무자비한 폭력의 희생자 본인이 폭력적인 존재가 된다. 자신을 위한 공간을 개척하는 것, 가능하다면 이주민의 위치에 자신을 위치시키는 것이 그들의 사명이다. "피식민지인을 위한 삶은 오직 식민 지배자들의 부패한 시체로부터 실현될 수 있다."(Les Damnés : 50) 그러므로 반식민 투쟁은 자아성의 기준에 도달하는 방법인 폭력으로 나타나는 피식민지인의 '폭발'을 보여 준다. 이러한 자아에 대한 주장은 식민주의에서 그 정치의 본질로 인해 필수적이다.

정치적인 것은 하나의 공동체 내에서 개인들 간, 그리고 국민들과 그 대표자 혹은 통치자들 간의 관계이다. 이 관계는 식민적 맥락에서 전복될 수 있다. 아프리카인은 식민 체제에서 철저하게 삭제되거나 부정되었다. 아프리카인은 통치 체제 속에서 어떠한 발언권이나 권리, 자격도 없다. 그래서 식민주의의 정치적 공간은 흑인에게 어떠한 접근권도 제공하지 않는다. 파농은 이때 폭력이 그 공간을 되찾는 방법 혹은 이른바 "절대적 실천"을 되찾는 방법이라고 본다.(Les Damnés : 44) '올바른' 정치적 관계가 없는 국가는 폭력 속으로 서서히 빠져들게 된다. 다시 말해, 진정한 정치적 공간의 부재는 폭력 상태에 의존하는 결과를 낳는다.

식민 지배자에 대항하는 "잔인하고 결정적인 투쟁", 즉 폭력 투쟁이 억압자를 타도하는 유일한 수단이 될 때, 파농은 이 폭력을 민족 프로젝트에 필수적인 것으로 간주한다.

> 우리는 원주민의 폭력이 민중을 단결시킨다고 말해 왔다. 식민주의는 그 체계상 분리주의적이고 지역주의적이다. 식민주의는 종족들의 존재를 이야기하지 않는다. 식민주의는 종족들을 강화시키기도 하고 그들을 분열시키기도 한다. 식민 체제는 족장의 지위를 장려하고, 이전 마라부Marabout 조직을 존속시킨다. 폭력은 전반적이고 전국적으로 실행된다. 당연히 폭력은 지역주의와 종족주의의 타파와 밀접하게 관련된다. 따라서 민족주의 정당은 족장이나 관습적인 추장들에게 결코 어떠한 동정도 보이지 않는다. 추장과 족장들의 제거는 민중 통합의 예비 단계이다.(Les Damnés : 51)

파농은 유럽-계몽주의 모델에 입각한 민족 정체성 설정을 위해 폭력을 옹호하는 것이 아니다. 그는 차이를 지지하는 민족 정체성에서 시작된 해방적인 폭력을 갈망한다. 그는 결코 유럽식 민족주의 모델을 고려하지 않는다. 파농은 사회 엘리트들이 유럽식 민족주의 모델을 주도하면, 그 모델 자체가 전체주의적이고 동질화되고, 이에 따라 폭력적인 것이 된다고 본다. 파농이 지적대로 엘리트들은 실제로 대중과 함께 하는 데에는 관심이 없다. 그들에게는 의도적으로 "작은 지역 역사들을 짓밟는"(Les Damnés : 67-8) 그들만의 어젠다가 있다. 그래서 수단이 되는 폭력은 식민주의뿐 아니라 과거 휴머니즘의 억압적 구조까지 해체시킨다.

파농은 반식민 투쟁이 억압자의 퇴장으로 종결되지 않는다고 주장한다. 진정한 탈식민화(우리는 다음 장에서 탈식민화와 그 과정을 살필 것이다.)는 이전 피식민지인이 식민적인 것으로 만들어진 개념과 신화들의 발원지까지 제거할 때 비로소 종결된다. 이는 식민적인 것을 제거하는 프로젝트는 반식민 투쟁의 수단이 되는 폭력으로는 종결될 수 없음을 의미한다.(그러나 파농은 반식민 저항이 오직 폭력을 통해서만 진행된다고 본다. 반면 제임스 스콧James Scott의 연구(1985)는 다른 '약자의 무기', 즉 절취, 위장된 무지, 비방, 나태 등을 보여 준다.) 폭력은 진정한 자아가 출현하는 탈식민화 과정 속에서, 그리고 그로부터 새롭고 더 나은 휴머니즘이 만들어지는 탈식민화 과정 속에서 수행되어야 한다. 정리하면, 파농은 반식민 투쟁의 수단이 되는 폭력을 오직 피식민지인의 자아와 내부의 진정한 '인간'을 회복시키는 초기 조치 혹은 초기 단계, 그러나 필수적인 단계로 간주한다.

| 절대적 폭력, 자아실현, 휴머니즘 |

파농은 반식민 투쟁이 억압자의 퇴장으로 종결되지 않는다고 본다. 진정한 탈식민화에 필수적인 것은, 이전 피식민지인이 식민적인 것(헤게모니적이고 인식적인 폭력의 예)으로 만들어진 개념과 신화들의 발원지를 제거하는 것이다. 그래서 "절대적 폭력"(카와시Kawash(1999)가 일컫는 것처럼)은 다음과 같이 정리할 수 있다.

- 절대적 폭력의 목표는 단순히 식민 지배자들을 추방하는 것을 넘어선다.
- 절대적 폭력은 식민 지배자들이 피식민지인들에게 이식한 개념, 신화, 사고까지 제거해야 한다. 바로 정신의 탈식민화 과정이다.

식민 지배자들이 이식한 세계관이 완전하게 삭제된 이후에만 피식민지인에게서 새로운 자아가 출현한다. 그래서 파농 사상에서 절대적 폭력이 더 큰 가치를 가진다고 주장할 수 있는 것이다. 이러한 형태의 폭력은 당면한 목표를 넘어서 무언가를 추구하는 데에 진정 해방적이기 때문이다. 이것이 진정한 해방, 정신의 탈식민화이다.

파농은 "더 완전한 인성이 개발되어야 한다면, 억압자가 그(흑인)에게 이식한 거짓 진실" 전체를 "버리는" 방법을 취해야 한다고 말한다.(Les Damnés : 233) 탈식민화는 피식민지인의 정신과 상상력에서 식민적 사고들을 폭력적으로 제거하는 것이다. 이는 폭력이 식민 지배자의 추방뿐 아니라 행위성과 자기결정의 확신에 대한 것임을 말해 준다. 이는 피식민지인의 수단적 필요가 "초과"된(Kawash 1999 : 237) 폭력이다. 파농은 폭력의 형태에 자아 회복의 가능성을 위치시킨다.

그러므로 자아 회복의 프로젝트도 폭력을 요구한다. 폭력은 피식민지인이 자기존중의 기준을 획득하는 수단이 된다. "과거의 노예는 자신의 인간성humanity에 도전해야 한다. 그는 갈등, 폭등을 원한다."(Peau noire : 172) 폭력은 절대적 노예 상태와 억압 조건에 대한 대응에서 최소한의 **행위성**을 주장하는 데 기여한다.

파농은 폭력을 행위성에 대한 주장뿐 아니라 행위성을 회복하는 수단으로 간주한다. 여기서 폭력은 자아를 복원시키는 행위 혹은 실행인 **실천**praxis으로 보아야 한다. 파농은 이렇게 말한다. "피식민 주체는 현실을 발견하고 실천과 해방을 위한 폭력과 어젠다의 전개를 통해 현실을 변화시킨다."(Les Damnés : 21)

파농은 이미 식민주의가 원주민의 영혼, 자아와 정체성을 삭제하고 있다고 주장했다. 그러므로 피식민지인이 자아 혹은 수행성을 회복할 수 있도록 하는 그리고 회복할 능력을 부여하는 어떠한 실천 혹은 실행도 긍정적으로 다루어야만 한다. 이러한 실천 혹은 실행이 폭력적이라는 것은 불행한 일이지만, 이는 식민 체제 자체에서 그 근원을 발견하는 일이기도 하다. 즉, 흑인을 폭력적인 사람으로 변화시키는 것은 바로 백인에 의한 폭력적 억압인 것이다.

피식민지인이 폭력을 선택할 때, 그는 행위들의 목표 혹은 결과와 **상관없이** 폭력이 해방적이라는 것을 알게 된다. 케닐리의 《지미 블랙스미스의 노래》에서 지미가 이해하듯이, 야만적인 살인 행위는 비인간적이다. 그러나 이후 지미는 자신의 폭력이 세상에 통제당하지 않는 것으로 간주한다. 폭력 행위 자체가 그가 그 자신him-self을 파악하고 발견하는 데 기여하기 때문에

'고유한' 것이다. 폭력은 세상에 손해를 끼치지만, 궁극적으로 세상의 것도 세상에 대한 것도 아니다. 즉, 폭력은 지미의 자아에 대한 것이다.

폭력이 그 자체로 목적이 아니고 다른 무언가를 지향하는 것이라는 주장은 파농의 저작 전체에서 주장되는 바이다. 그는 《알제리 혁명 5년》에서 이렇게 쓰고 있다.

> 우리가 민주적이고 쇄신된 알제리를 원하기 때문에, 우리가 한 지역에서 봉기하여 자신을 해방시키고 또 다른 지역에서 주저앉을 수 없다고 믿기 때문에, 우리는 수세기에 걸친 억압이 발생시키고 지속시켰던 거의 생리적인 잔인성을 가지고서 혁명적 행위에 자신들을 내던져 온 형제들을 고통스러운 마음으로 비난한다.(Algérienne : 25)

그리하여 다른 곳에서 "증오는 어젠다가 아니다"(Les Damnés : 89)라고 선언한다. 그러나 만약 증오와 폭력이 온전히 새로운 정치를 위한 토대가 되어야 한다면, 이런 갈등과 불화의 조건에서 어떻게 휴머니즘적인 정치와 휴머니즘이 출현하는가? 이 질문이 수많은 파농 연구의 중심 주제이다.

파농의 관점에서 자아실현과 문화 실현은 상호 의존적이다. 식민화는 공동체, 문화, 개인을 파괴한다. 식민화는 자아를 삭제하고, 행위성을 부정하고 전통을 소멸시킨다. 파농이 주장하듯 탈식민화의 폭력은 정확하게 다음과 같은 것을 회복시킨다.

1. 소멸된 문화 전통

2. 휴지 상태의 역사

3. 행위적 폭력을 통한 분열된 자아

분명한 것은, 파농은 개인의 자아성과 문화 공동체의 자아성이 절대적 폭력을 통해 회복될 수 있다고 믿었다는 점이다.

그래서 파농은 개인의 폭력 행위, 피식민지인의 격렬한 춤과 공동체의 문화를 모두 **행위적인 것**으로 다루어야 한다고 보았다. "인간 세계를 구성하는 기본적 가치들을 존중"(Peau noire : 173)하는 '행위적' 인간은 새로운 휴머니즘을 위한 출발점이다. 파농은 **아프리카와 아시아 문화의 집단주의를 위해 서구 세계의 개인주의적 휴머니즘**을 거부한다. 이제 이전 피식민 개인은 새로운 주체성을 발견하고, 민족 자체는 새로운 운명과 "집단적 역사"(Les Damnés : 51)를 발견한다. 물론 때로 이전 피식민지인에게 요구되는 이러한 집단적 역사의 회복, 자기 문화로의 복귀와 자기계몽self-enlightenment은 그 자체로 폭력적 행위다. 우리는 월레 소잉카의《죽음과 왕의 마부》에서 이러한 형태의 소름 끼치는 탈식민화 사례를 볼 수 있다.

왕의 마부이자 엘레신의 아들인 오룬데Olunde는 서구에서 교육을 받았고, 그래서 일종의 문화적 변절자가 된다. 엘레신도 천직을 버리고, 그에 따라 수행해야 하는 전통적인 자살 의식을 포기한다. 이제 엘레신의 아들 오룬데가 그 자신으로부터 회복을 모색한다. 아버지가 자살 의식을 거부하자, 오룬데는 그의 문화와 가족의 자부심을 회복시키고자 대신 자살한다. 슬픔에 괴로워하는 엘레신. 사체 옆에 앉아 있는 찬양 가수 praise-singer는 그에게 이렇게 말한다.

당신 가정과 우리 인종의 명예가 있습니다. 문 밖으로 명예가 날아 가는 것을 참을 수 없었기 때문에, 그는 자신의 목숨으로 그것을 중지시켰습니다. 엘레신, 아들이 아버지를 증명했습니다. 당신 입 속에는 어릴 적 잇몸을 제외하고는 악물고 있을 어떠한 것도 없습 니다.(1984 : 218)

문화의 근원과 신념 체계로의 회귀를 포함하는 탈식민화는 폭력적이며, 비록 그것이 사람의 목숨을 대가로 할지라도 그 유산에 대해 느끼는 집단적 자부심을 나타낸다. 찬양–가수가 제시하듯이, 이러한 희생은 개인의 새로운 정체성이 출현하는 인종, 종족 혹은 공동체 전체를 위한 새로운 정체성의 표지다. 이렇게 갱신된 엘레신의 정체성은 그의 문화와 공동체에 뿌리 를 두게 된다.

파농은 집단적인 의식과 정치적 자각의 맥락 내에 (종족 혹은 집단 내에서 공동체의 자부심을 치유하는 행위로서 오룬데의 죽음과 이 에 대한 찬양–가수의 평가에서 분명하게 드러나는) 개인의 새로운 주 체성을 위치시킨다. 해방된 개인은 '하나의 섬'이 아니다. 오룬 데의 경우에서처럼 폭력이 자기주도적이고, 자기 파괴적일 때조 차도 "피식민지인의 폭력은 …… 민중을 통합시킨다".(Les Damnés

: 51) 식민주의의 잔인한 조건들은 새로운 휴머니즘을 필요로 하기 때문이다. 식민주의가 전복될 때, 또한 거부되는 것은 유럽 중심적 휴머니즘이다.(가부장적인 박애, 관용과 정체성 정치로 특징지어지는 휴머니즘으로, '불완전한 인간'인 흑인에게 어떠한 행위성도 제공하지 않는) 유럽 중심적 휴머니즘은 여태껏 '하위 인간'으로 간주했던 흑인에게 서구적 인간성을 획득하기를 촉구한다.(Les Damnés : 110) 파농은 이 휴머니즘을 인종주의와 식민주의와 연루된 것으로 간주하며 서구 휴머니즘 혹은 유럽 휴머니즘을 거부한다.(Young 1990 : 122. 그러나 영은 파농이 제안한 휴머니즘, 인간이 더 이상 비인간 혹은 하위 인간과의 대립 속에서 이론화되거나 구성되지 않는 휴머니즘 같은 비갈등적인 휴머니즘을 발전시키는 것이 과연 가능한지를 의심한다. 1990 : 125)

파농이 제안하는 바는 폭력이 행위성을 가져다주며, 행위성이 다음과 같은 것에서 중심이 된다는 것이다.

1. 다른 사회질서에 대한 상상
2. 새로운 정치 자체의 구성

탈식민적 폭력은 개인과 사회를 모두 해방시키며, 바로 이것이 정확하게 폭력이 새로운 휴머니즘의 예비 국면이 되는 이유이다. 새로운 휴머니즘은 사유, 행동, 인간관계에 대한 식민적 그리고 식민화 방법들의 파열을 나타낸다. 그래서 우리가 다음 장에서 자세히 검토할 탈식민화는 **서구 휴머니즘뿐만 아니라 서**

구 식민주의에 대한 거부이다. 해방된 이전 피식민 개인과 사회는 사유, 행동, 인간관계들을 재정의한다. 새로운 사회질서를 형성하는 변형적인 그리고 예비적인 것으로서 폭력에 대한 이러한 관점은, 다음과 같은 폭력에 대한 글의 앞부분에서 파농이 이미 제시한 바이다.

> 그것(탈식민화)은 새로운 세대의 인간에게 특별한 자연스러운 리듬을 불어넣고, 그와 더불어 새로운 언어와 새로운 인간성을 불어넣는다. 탈식민화는 진실로 새로운 인간의 창조이다.(Les Damnés : 3)

탈식민화는 유럽식 사고와 신념들의 (폭력적) 배출을 필요로 한다. 파농은 탈식민화는 이전 피식민지인이 유럽의 사고방식을 진정으로 폐기할 때에만 가능하다는 것을 분명히 했다. 파농은 "우리들(피식민지인) 중 많은 사람들에게 유럽 모델은 가장 많은 영감을 주었고"(Les Damnés : 236), 이에 따라 우리는 지적으로 식민화되었다고 주장한다. 그리고 이러한 주장은 이전 피식민 국가들에 (사악한 구조조정 프로그램, 통상금지령, 세계무역기구WTO와 같은 기관들을 통해) 부과된 지속적인 경제 제국주의와 서구의 '개발' 모델로 입증된다. 예를 들어, 이집트에서 글을 쓰는 나왈 엘 사다위Nawal El Saadawi는 다음에 주목한다.

> 개발은 …… 문화적 변화의 과정, 서구 삶을 따르는 근대화 과정, 자원들의 더 나은 활용을 가능하게 하는 기술적 진보의 과정으로

서 예측된다.(1980 : i-ii)

그러므로 탈식민화는 반식민 투쟁보다 더 중요하다. "유럽을 모방하지 않도록 하자. 새로운 방향으로 나아가도록 우리의 근육과 두뇌를 결합시키자."(Les Damnés : 236) 신체 행위와 지적 활동 모두를 가리키는 "근육과 두뇌"는 유럽의 손아귀로부터 이전 피식민지인을 완전히 자유롭게 하는 데 똑같이 중요하다.

백인이 모든 것의 기준이라는 서구적 휴머니즘 모델은 파농에게 어울리지 않는다. 파농은 〈인종주의와 문화〉에서 "식민 상황이 회복 불가능할 정도로 거부된다면, 보편성은 다른 문화들의 상호적 상대주의를 인정하고 받아들이는 이러한 결단에 있다"(Africaine : 44)고 말한다. 탈식민화된 '새로운 인간'은 차이를 인정하고 존중할 것이다. 우리는 이미 파농의 관점에서 그가 새로운 휴머니즘을 만들어 내는 새로운 보편성의 형태, 상호 인정의 형태로 나아가고 있음을 볼 수 있다. 해방된 인간은 자아의 폭력적 주장을 통해 그 자신의 인정 혹은 그 자신의 차이를 위한 인정을 성취하기 때문에 차이를 인정한다. 즉, 나는 백인이 아닌 흑인이다. 나는 사물이 아닌 인간이다. 파농은 이러한 폭력의 변형적인 힘, 즉 고통과 차이에 신중한 새로운 주체성을 창조하는 힘에서 새로운 휴머니즘의 가능성을 추적한다.

파농에게 폭력은 시디 오마르Sidi Omar가 말한 "정신적 구원 redemption"으로 이어진다.(2009 : 270. 이러한 구원적인 폭력에 대한 파농의 강조와 아프리카계 미국 작가이자 활동가인 리처드 라이트의 동일한 강조 간에 유사점이 도출된다. 다음을 볼 것. Wilmot 2009) 그러나 파농이 관심을 갖는 것은 개인의 정신적 구원이 아니라 문화적 구원이며, 이에 따라 식민주의가 약화시킨 결과로부터 회복되는 새로운 인간성이다. 그래서 식민 지배가 불러일으킨 폭력은 자아 회복의 방식이 된다. 이 회복된 자아, 즉 개인적 자아뿐만 아니라 집단적 자아로부터 파농은 새로운 휴머니즘이 출현하기를 소망한다.

특히 서구에서 인권에 대한 20세기 후반의 논쟁들은 자유로운 행위자agent로서 행위하는 자율적이고 자기 의지를 지닌 개인을 전제로 한다.(Ignatieff 2001 ; Slaughter 2007) 만약 인권이 행위성을 소유하는 이러한 조건에 근거를 둔다면, 예비 단계는 이러한 행위자가 출현하는 조건들을 보장하는 것이 될 것이다. 우리가 보아 왔듯, 파농은 식민 조건을 원주민 개인이 문화나 의식 없이 그야말로 전멸당한 조건으로 간주한다. 이러한 개인은 완전한 '사람'이 아니라 자아의식이 없는 수동적 주체일 뿐이다. 개인이 자아를 진정으로 자각하려면 식민 조건에서 벗어나야만 한다. 개인은 이후 자기 삶을 선택할 수 있도록 자신의 자아를 자각하고 삶의 계획을 밀고 나가야만 한다. 자유는 자아에 대한 자각을 토대로, 이러한 선택을 할 자유이다.

파농은 피식민지인이 이러한 폭력 행위들을 통해 자유로운 행위자가 되어야 한다고 말한다. 그는 《검은 피부, 하얀 가면》에서 "자아의식은 삶의 위험을 받아들이고, 그 결과 자아의식은 물리적 존재인 타자를 위태롭게 한다"(169)고 쓰고 있다. 그러므로 자아 회복의 수단으로서 폭력과 이에 따른 (식민주의와 같은 구조에서 벗어난) 자율적인 개인의 출현은 인권을 가진 주체의 출현에 선행한다. 이러한 개인은 자기결정이 가능하며, 그래서 고유한appropriate 주체가 된다.

따라서 파농 사상에서 절대적 폭력은 다음과 같은 궤적과 결과들을 낳는다.

- 절대적 폭력은 개인이 **행위**를 통해 무언가를 성취할 수 있는 사람으로서 자아의식, 자부심을 회복하도록 한다.
- 절대적 폭력은 피식민지인이 자신**과** 자신의 문화 정체성을 자각하게 될 때 그가 그의 정신을 탈식민화하는 데 기여한다.
- 이러한 자각 때문에 결국 원주민은 유럽 문화와 공동체를 폐기하면서 자기 문화와 공동체로 **복귀한다**.
- 이와 같이 교정 혹은 변형되면서, 공동체는 새로운 휴머니즘으로 가득 찬 새로운 사회질서로서 제 역할을 한다.
- 이 새로운 휴머니즘은 더 포괄적이고 집단적이다. 그리고 새로운 휴머니즘은 유럽의 개인주의적 휴머니즘을 거부한다.

이 장에서 살펴본 것처럼, 폭력에 대한 파농의 개념화는 두 가지 다른 그러나 관련된 목표를 지향하는 두 종류의 폭력을 가리킨다. 첫 번째 폭력은 반식민 투쟁의 폭력으로 '수단이 되는 폭력'이다. 이 폭력은 본질적으로 사회적 프로젝트이며, 전체로서 공동체를 지향한다. 폭력은 피식민지인의 어떠한 목소리도 부정하는 식민적 정치 공간에서 피식민지인의 역할을 주장하는 수단이다. 그러므로 폭력은 이러한 인종주의적이고 차별적인 정치 공간으로 진입하는 수단이다.

두 번째 폭력은 피식민지인의 자아실현과 주체성의 회복이 달성되는 '절대적 폭력'이다. 회복된 주체성과 정체성은 죽음과 소멸로 이어지기도 한다. 그러나 이 소멸은 하나의 선택일 수 있고, 그래서 자아성의 표지다. 자아실현으로 나아가는 폭력의 두 번째 방식에서 파농은 새로운 정체성과 휴머니즘의 가능성을 발견한다. 자아의 재구성을 모색하는 이러한 종류의 폭력은 본질적으로 개인적 자아를 지향하는 개인적 프로젝트이다. 여기서 폭력은 단순히 식민 지배자를 추방하는 차원의 목표를 넘어서며, 식민 지배자가 피식민지인에게 이식한 사고, 신화, 개념들을 제거하고자 한다. 즉, 정신의 탈식민화를 추구한다. 그래서 폭력은 피식민지인이 자신의 문화와 공동체로 되돌아가는 것을 가능하게 한다. 그리고 타자들도 이와 같이 똑같이 할 때, 공동체 자체가 변형된다. 이렇게 개선되거나 변형되면서 공동체는 새로운 휴머니즘으로 가득 찬 새로운 사회 질서로서 그 역할을 하게 된다.

그러므로 폭력은 1) 자기 회복과 2) 문화 회복의 경로를 거치게 된다. 식민 지식의 유산을 삭제하는 과정을 통해 이러한 문화 회복과 공동체의 재형성을 성취하는 것이 탈식민화이다. 포스트식민 국가 혹은 문화에 중심이 되는 탈식민화가 다음 장의 주제이다.

제 7 장

탈식민화

Frantz Fanon

| 탈식민화와 문화민족주의

아프리카 날씨에는 수치스러운 것이 없다. …… 야자나무는 시에
적합한 주제이다. ―아체베(《교사로서의 소설가The Novelist as Teacher》,
1965, 다음 글에서 재인용. Ngwarsungu 1990)

인도에서 반영국 투쟁이 격렬했던 시절, 유명한 정치 지
도자 로카마냐 발간가드하르 틸락Lokamanya Bālgangādhar
Tilak(1856~1920)은 봄베이(뭄바이) 주 정부에서 공동체들을 통합
하는 혁신적인 생각을 내놓았다. 힌두교 신 가네샤(지혜와 학문
의 신)를 위한 연례 축제에 즈음하여, 그는 의식 행렬과 공식 축
하행사들을 복원시켰다. 각종 우상들과 광분한 군중의 광경은
중대한 목적에 기여했다. 즉, 그 모습은 힌두교 신자들을 결집
시키는 계기가 되었다. 틸락은 종교와 문화 행사를 활용해 집

단적인 대중 감정을 만들어 냈다. 그는 문화 관습들이 민족주의적 목적에 어떻게 효율적으로 활용될 수 있는지를 보여 주었다. 다른 맥락에서 응구기는 대영제국에 대항하는 케냐의 마우마우Mau Mau 반식민 투쟁(1952~60) 동안 문화 관습들이 어떻게 활용되었는지에 주목했다.(결국 이 투쟁으로 케냐는 독립했다.)

> 그들(해방 전사들)은 오래된 노래들을 재발견했다. 즉, 그들은 결코 그 노래들과 완전하게 단절되어 있지 않았다. 그리고 그 노래를 그들이 벌이는 투쟁의 새로운 필요성에 맞게 고쳤다. 오래된 노래들이 부적절할 때에는 새로운 리듬을 가진 새로운 노래를 만들었다.(1972 : 30)

아체베가 문학 선언으로 말한 바, 틸락이 시행했던 것, 그리

탈식민화Decolonization

탈식민화는 유럽 국가들로부터 정치적 독립을 획득한 아프리카, 아시아, 남아메리카 국가들(유럽 국가의 식민지였던)이 유럽 사상과 사고로부터 지적이고 문화적인 독립을 달성하고자 모색하는 과정이다. 식민주의는 교육, 종교와 법을 통해 피식민지인에게 유럽의 신화와 사고들을 이식해 왔다. 또한 식민주의는 원주민 문화 속의 신념들을 파괴했고, 수많은 경우에서 그 관습들을 삭제했다. 탈식민화는 원주민의, 지역의, 그리고 식민 이전의 사고방식을 복원시키기 위해 이러한 문화 관습과 신념들을 회복시키는 과정의 일부이다. 대체로 탈식민화는 지적 프로젝트이다.

고 응구기가 언급한 마우 마우 해방 전사들의 회상은 포스트식민 이론이 반식민 투쟁으로서 인정한 **광경들, 즉 문화민족주의**다. 식민 이전의 과거를 상기시키는 민속, 구전 문화, 음악과 춤은 민족 정서를 촉발시키는 목적에 유용하다. 그래서 파농은 반식민 투쟁과 탈식민화라는 두 과정에서 문화민족주의의 중요성을 인정했다.

탈식민화는 식민 조건들을 전복시키는 시도이다. 파농의 이해에서, 탈식민화의 가장 중요한 측면들 중 하나는 문화 문제와 관련되어 있다.(그러나 파농은 이전 피식민지인을 위해서는 특정한 경제 형태, 즉 국가의 부가 더 공평하게 분배되는 형태가 탈식민화에서 정당하다고 믿었다. Les Damnés : 59. 이에 대한 논의는 다음을 볼 것. Buck 2004) 탈식민화는 피식민지인의 문화에서 자부심의 기준, 즉 문화민족주의라고 부른 바를 회복시키는 것을 포함한다.

이번 장은 다음과 같은 두 개의 항목 아래 탈식민화와 문화민족주의에 대한 파농의 글들을 연구한다.

- ■ '흑인의식'의 형성이 가능하도록 '네그리튀드'에 자부심을 부여하는 민족문화를 회복하고, 피식민지인이 흑인 자아로서 자아의식을 획득하도록 하는 민족문화의 회복
- ■ 농민과 대중 속에 이러한 의식을 만들어 내는 지식인의 역할

| 흑인의식, 네그리튀드와 민족문화 |

당대의 몇몇 다른 사람들과 함께 파농이 주장하듯이, 원주민
문화 속에 담긴 민족의식과 자부심은 반식민 투쟁과 탈식민화
모두에서 중심적인 역할을 한다. 그리고 알제리인과 다른 아프
리카인들의 투쟁에서 중심이 된 것은 네그리튀드였다.

네그리튀드

세자르는 《식민주의에 대한 담론》에서 다음과 같이 선언했다.
"우리는 저항의 용어로서 **네그레**nègres(흑인들)라는 단어를 채택
했다."(1972 : 29) 그러나 이 단어는 하나의 용어 이상의 역할을 했
다. 즉, 이 단어는 태도 자체의 변화를 보여 주었고, 이러한 태
도 변화에서 흑인은 자기 문화에 대해 변명하는 입장을 폐기
하고 자기 문화에 자부심을 품기 시작했다. 세자르는 네그리
튀드를 흑인의식의 발흥, 고정된 '사물'이 아닌 변형의 역동적
인 과정으로 보았다. 즉, 흑인이 흑인성을 받아들이고 자랑스
럽게 여기기 시작했다. 세자르 이후 세네갈의 시인이자 수필
가, 정치가로서 세네갈의 첫 대통령이 된 레오폴 셍고르Léopold
Senghor(1906~2001)는 네그리튀드를 정치 이데올로기와 무기로
전환시키고 인종의식을 지닌 주체적이고 개인적인 감정들과 결
합시켰다.

파농은 흑인의식을 다음과 같이 파악했다.

- 흑인의식은 피식민지인이 식민주의가 자신에게 부과한 정신("나는 검은 사물이다." 피식민지인의 자아 해체에 대한 파농의 분석에 대해서는 5장을 볼 것)을 넘어서도록 하며,
- 흑인의식은 자아의식의 형성을 가능하게 하며, 최종적으로
- 흑인의식은 피식민지인이 자신의 인종 정체성, 이에 따른 집단적 정체성과 결합된 자아를 볼 수 있도록 한다. 이제 피식민지인은 "나는 검은색 피부를 가진 인간"이라고 말할 수 있다.

흑인의식은, 백인의식이 피식민지인의 의식에 침범했던 식민 조건들로부터 물러나는 것이다. 파농이 주장하듯이 백인(타자)은 흑인을 인정하는 것을 선택하지 않기 때문에, 흑인에게는 하나의 해결책만 남는다. 즉, 자신을 **흑인**(Peau noire : 87)이라는 말하는 것이다. 바로 **자아의식**이다.

네그리튀드는 자아의식을 가능하게 하고 그래서 재발견의 **출발**, 즉 흑인의 인간성을 재발견하는 출발을 가능하게 한다. 식민주의는 흑인을 대상으로 만들었고, 비인간화시켰다. 그래서 네그리튀드는 흑인을 **인간**으로서 전면에 내세운다. (이후 파농은 네그리튀드와 인종 정체성 자체를 넘어설 필요가 있다고 주장했다.) 이러한 자아의식은 자아의 재발견으로 가는 출발점이자 하나의 단계이지만, 또한 **인종** 정체성과도 연결되어 있다.

흑인의식은 다음을 포함하는 세 단계 과정이다.

- 자아의식의 발생과 항상 '백인'과의 관계 속에 파악되어 온 '흑

인'의 관계적 정체성에서 벗어나는 자유

- 백인의 신념, 가치와 사유에 대한 거부
- 원주민의 신념, 가치와 사유의 회복

이 각각의 단계를 차례대로 살펴보자.

먼저, 식민주의는 자아를 소멸시킨다. 백인에게 어떠한 인정 혹은 승인도 받지 못하면서 흑인은 자신이 무가치하다는 의식을 발전시킨다. 심지어 노동도 흑인들에게 자부심을 가져다주지 못한다. 노예는 주인에게서 자유를 얻지만, 노예는 자신의 자유를 위해 **투쟁**하지 않았다는 점에서 자부심을 찾지 못한다.(Peau noire : 169) 파농은 새로운 자아의식을 가진 흑인이란 식민적 맥락이 그에게 부과한 정신을 넘어서는 존재라고 말한다. 이는 단지 '잠재적인' 것이 아니다. "나의 흑인의식은 …… 결핍으로서 그 자체를 드러내지 않는다. 흑인의식은 **존재한다**. 흑인의식은 그 자체의 신봉자이다."(103, 원본 강조)

파농은 식민주의의 변증법(주인-노예, 백인-흑인, 우월-열등)이 흑인 정체성을 만들어 낸다고 말한다. 즉, 흑인은 자신이 단지 흑인이라는 것만 알고 있다. 식민주의 기간에 흑인은 백인과의 관계 속에서만 자신을 파악할 수 있었고, '비백인'이라는 부정 혹은 결핍으로만 간주되었다. 파농이 말한 것처럼, "나 자신에 대한 의미를 부여한 것은 내가 아니다. 나에 대한 의미는 이미 그곳에 있었고, 이미 존재했고, 기다리고 있었다".(Peau noire : 102) 그러나 이제 흑인은 백인과의 관계에서가 **아니라** 그 자신으로서, 그 자신을 위한 의미를 만들어 내야 한다. 백인과 비교하거나 대조하지 않고 그 자신으로서 **자기 자신**의 정체성을 만들어야 하는 것이다.(여기서 파농은 "네그리튀드가 변증법적 발전의 소개념minor term으로 등장한다"는 사르트르의 유명한 주장을 반박한다. Peau noire : 101 재인용) 이는 백인−흑인의 변증법에서 벗어남을 의미한다. 네그리튀드의 두 번째 단계에서 흑인의 자아의식은 1) 그 자체와 동일시되고, 2) 변증법적 혹은 외부적 승인을 모색하지 않고 폭력과의 대립을 통해 그 자아의식에 도달하고, 그 결과 3) 인종의식을 갖게 된다. 즉, 흑인의식은 자아가 되는 것일 뿐만 아니라 **흑인** 자아가 되는 것이다. **자아의식이 곧 인종의식 혹은 흑인의식, 즉 네그리튀드이다.**

개별 흑인이 자신을 집단 혹은 인종 정체성 내에 위치시키는 순간, 흑인문화로의 회귀가 시작된다. 이때부터 네그리튀드의 세 번째 단계가 진행된다. 여기서 흑인의식은 개인적이면서도 집단적이다. 네그리튀드를 받아들이는 것은 또한 인종적 집단 정체성 내에 존재하는 것이다. 이렇게 출현한 자아의식은 **민족의식**을 낳는다. 민족의식은 식민 문화를 거부하고 지역의, 원주민의 문화로 되돌아가고자 하기 때문에 탈식민화의 핵심 요소가 된다.

파농은 또한 자아의식이 흑인 경험에 뿌리를 두고 있으며, "그 흑인 경험은 흑인 전체의 경험이 아니라는" 것을 재빨리 의식한다. 왜냐하면 "단지 **한 명**의 흑인만이 존재하는 것이 아니라 **흑인들**이 존재하기 때문이다".(Peau noire: 104, 원본 강조) 즉, 다양

성과 차이를 인정해야 할 필요성을 인식한 것이다. 이 인정이
새로운 휴머니즘을 출현시킨다.

| 민족문화 |

응구기의 《한 알의 밀알A Grain of Wheat》(1967)에서 해방투쟁 전
사 키히카Kihika는 (스와힐리어 속담으로 표현된) 조상의 지혜를 불
러내면서 마을 동료들을 투쟁으로 이끌려고 한다. 키히카는 공
유된 사고 과정에 호소하면서 의식을 각성시키는 수단으로서
지역과 원주민의 자산을 활용하는 지식인을 대표한다. 이것이
민족문화의 형성이다.

파농은 민족문화를 민중의 "집단적 사고 과정"으로 정의한
다.(〈민족문화에 대하여〉, Les Damnés : 168) 이러한 변형적인 "집단적
사고 과정"은 시詩 혹은 공예와 같은 특별한 종류의 문화 표현
을 통한 대중의 교육을 의미한다.

파농에 따르면, 민족문화 혹은 문화민족주의에는 다음의 세
가지 주된 역할이 있다.

- 공동체가 경험한 과거와의 연속성을 만들어 낸다.
- 서구 문화에 '빠져들게 하는' 식민주의의 어젠다를 피식민지인이
  경계하도록 한다.(Les Damnés : 148)
- 식민 체제가 삭제하거나 거부하고자 한 그들의 문화적 관습을

회복시키는 데 기여한다.

그래서 민족문화는 식민주의가 혹독하고 심하게 손상시킨 자부심과 확신의 기준을 복원하는 데 기여한다. 이처럼 파농은 민족문화를 **정신적**으로 필수불가결한 것으로 파악한다.(Les Damnés : 148) 《검은 피부, 하얀 가면》에서 파농은 흑인 피식민지인이 식민 이전 역사로 퇴각해서 노예제의 조건과 대결해야 한다고 주장한다. 이런 이유로 과거의 의식, 즉 과거의 개인적 의식뿐만 아니라 집단적 의식은 필수적인 것이 된다.(Peau noire : 106)

이것은 분명히 문화적 전망이다. 식민주의의 문화, 즉 억압, 자아의 소멸, 열등 콤플렉스, 종속과 폭력 등에 대한 인정은 피식민지인과 식민 지배자 모두를 신경증에서 벗어나게 한다. 이를 통해 식민 지배자와 피식민인 둘 다 "문화 주체들"(슈테판 포히트방Stephan Feuchtwang의 용어, 1987 : 127)이 된다. 문화민족주의와 관련하여 파농의 주장에서 흥미로운 대목은, 반식민 투쟁이 식민 지배자와 피식민지인 모두를 해방시킨다고 파악했다는 점이다. 흑인은 그의 (노예 상태뿐만 아니라 아프리카 과거의) 유산을 발견하고, 백인은 "그가 한때 망상의 가해자이자 피해자였다"(Peau noire : 175)는 것을 발견한다.

민족문화와 문화민족주의는 그 자체로 신화적이고 신비하지만, 가끔은 정확한 역사적 과거의 호출을 필요로 했다. 예를 들어, 반킴 찬드라 차터지Bankim Chandra Chatterjee는 소설 《아난다마스Anandamath》에서 인도의 이슬람 과거를 일소하면서 힌두 전통과 문화를 진정한 인도로 추정한다. 그 결과, 반킴의 문화민족주의는 힌두 문화를 이슬람과 영국 '식민주의'와 대항하게 만든다. 여기서 반식민주의는 사상과 실천과 관련한 하나의 문화 역사적 체계, 말하자면 힌두교가 '민족'문화로 확장되는 문화민족주의의 형태를 취한다.

파농은 네그리튀드를 아프리카 **전체에 걸쳐** 나타난 문화민족주의로 다룬다. 파농은 이렇게 말한다. "가나의 부시아Busia, 세네갈의 비라고 디오프Birago Diop, 말리의 함파테 바Hampate Ba, 시카고의 세인트 클레어 드레이크Saint-Clair Drake는 그들의 사상이 공동의 유대 관계와 동일한 경향이라고 주저 없이 주장한다."(Les Damnés : 151) 파농은 아랍 민족주의가 이슬람 문화에 대한 관심의 발흥과 어떻게 불가분하게 연결되었는지 주목한다.(151) 그리고 민족적인 것을 넘어선 정체성을 모색하려는 아랍의 부활을 칭찬한다. "그들의 실제적인 문화 경험은 민족적인 것이 아니라 아랍적인 것이다."(152) 마찬가지로 파농은 편협한 민족에 기반을 둔 동일화보다 아프리카 문화의 동일화를 소망한다. 즉, 파농은 문화민족주의를 통합적인 힘으로 간주하면서도, 또한 '문화'가 협소하게 정의되지 않고 더 넓게 정의되어야 한다고 조심스럽게 강조한 것이다.

'흑인-아프리카' 문화라는 이름으로 계속 투쟁하고 있고, 이러한 문화의 통합을 목적으로 학술대회를 꾸준히 조직하고 있는 아프리카 지식인들은 그들이 단지 동전이나 석관들을 비교하는 것에 지

나지 않는 일을 하고 있음을 깨달아야 한다.(Les Damnés : 168)

파농은 명백하게 동일한 문화 혹은 폐쇄된 문화란 있을 수 없다고 믿는다. 민족문화를 발전시키려면, 먼저 식민주의의 공유 조건들을 검토해야만 한다.

기니 민족문화와 세네갈 민족문화 간에는 공동의 운명은 없지만, 기니 민족과 세네갈의 민족 간에는 프랑스 식민주의의 지배를 받았다는 공동의 운명이 있다.(Les Damnés : 168-9)

〈아크라 : 아프리카는 통합을 지지하고 그 통합 전략을 정의한다〉에서 파농은 가나, 에티오피아, 나이지리아, 알제리 사람들이 어떻게 함께 모였는지를 살핀다. 그가 주목하듯이, 아프리카인들은 "서로에 대한 신의와 지원을 맹세했고" 그리고 "어떠한 동맹도 거부하지 않았다".(Africaine : 157) 파농이 가치를 부여한 것은 공동의 식민 지배자들에 대항하는 이러한 통합이다.

19세기 인도에서 반킴이 하나의 문화 혹은 전통, 다시 말해 힌두교를 식민주의 문화의 해결책으로 추정했다면, 파농은 **모든** 제3세계 문화가 경험한 고통과 억압이라는 **공통성**commonality을 상정한다. 이 공통성을 다루는, 즉 반역을 고무시키는, 그리고 민속과 구전 전통의 오래된 형태들을 복원시키는 것을 옹호하는 문화 형태가 곧 "전투적 문학"(Les Damnés : 173)이다. 파농은 이 문화 형태들이 '민족문학'과 '민족의식'을 형성한다고 말한다. 그러면서도 문화란 본질적으로 복수적이고 다층적임을 분명히 한다. "민족문화는 이 모든 고려 사항의 총합이고, 사회 전체와 사회의 다양한 단계들 내부와 외부에 있는 긴장들의 결과이다."(177)

문화 관습의 회복은 식민주의가 취한 문화적 위협에 대항하는 것이다.(Nayar 2008a : 97) 반식민 작가들과 포스트식민 작가들의 글에서 그 사례를 볼 수 있다. 아체베의 《신의 화살》(1964)에 등장하는 지역 지도자는 말한다. "그들은 공통의 신을 모시기 위해 강력한 주술사 집단을 고용했다. 여섯 마을의 조상들이 만든 이 신은 울루Ulu라고 불렀다."(Achebe 1964 : 17) 공통의 신은 그들을 통합시키는, 종족과 집단의 기억과 제의적 행위를 복원시키는 중심이 된다. 인도 소설가 라자 라오Raja Rao의 《칸사푸라 Kanthapura》(1938)에서, 라오는 힌두 신화와 인도 시골의 목가적인 농업 배경, 방언과 구어적 표현들을 사용하고, 이를 스케핑턴 커피 단지Skeffington Coffee Estate의 반식민 활동에 연결시킨다. 라오는 신화와 반식민 투쟁을 결합시켜 소설을 매우 효과적으로 만들었고, 이 결합은 문학 속 문화민족주의의 좋은 예가 된다.

흥미롭게도, 파농은 문화민족주의를 독립의 완결로 여기지 않는다. 오래된 문화 신념과 체계들은 단순하게 회복시킬 수 없으며, 그것을 '민족문화'로서 단순하게 재설정할 수도 없다. 어떤 문화의 회복은 반식민 투쟁의 신념과 원칙들, 즉 억압으로부터의 자유, 해방, 평등, 존엄성과 휴머니즘에 근거할 때 비로소 가능해진다. "문화의 미래와 민족문화의 풍성함 또한 자유를 위한 투쟁을 고무시키는 가치들에 근거한다."(Les Damnés : 179) 그래서 파농은 일원적이고 단일한 "문화"(179)를 거부한다. 이것이 파농의 보편적 휴머니즘이고, 이 휴머니즘은 (우리 시대에 르완다 등지에서 비극적으로 입증된) 외국인혐오주의와 대학살을 초래한 민족주의에 대한 강한 경계심에서 명백하게 드러난다. 파농은 민족 간의 경계를 넘어선 문화 형성을 모색한다. 특정한 아프리카 국가에서 식민주의의 흔적들(특히 식민 존재의 양태에서 이어받은 새로운 엘리트 형태로 존재하는)은 아프리카 정체성 자체에 위협이 된다.(180)

파농은 〈민족문화에 대하여〉에서 아프리카 대륙의 어떤 부족 집단이나 종족 집단 혹은 민족과의 동일시를 조심스럽게 경계하며, 더 큰 무대, 아프리카 전역의 다양한 배우들이 무대에 오르는 식민주의라는 비극을 요청한다. '민족문화'는 좁게 정의된 알제리 문화 혹은 나이지리아 문화라기보다는 이러한 고통의 문화이고, 이러한 식민주의의 유산이다. 파농은 고통의 상호인정이라는 완전한 상태로 나아가는 거대한 전환을 모색한다.

파농은 이러한 민족문화의 발흥과 확산이 어떤 사회에서는 종종 지식인들에게 전적으로 의존한다고 지적한다.

| 지식인, 시인, 농민 |

〈민족문화에 대하여〉(Les Damnés에 수록)에서, 파농은 원주민의 자부심을 재건하는 데 지식인과 토착 부르주아지가 맡아야 할 역할이 있음을 인정했다. 그러나 농민과 노동계급이 탈식민화 과정에서 중요한 역할을 한다고 강조한다.(그러나 파농은 노동계급의 참여와 관련해서는 불분명한 견해를 보인다. 다음을 볼 것. Africaine : 64-72.)

지식인과 대중

파농의 분석에서, 원주민 지식인 혹은 작가는 3단계(이 용어는 파농이 아닌 나의 용어이다.)를 거치며 활동한다.

- 흉내 내는 원주민 : 이 단계에서 원주민은 백인 지배자의 문화를 단지 모방한다.
- 과도기의 원주민 : 이 단계에서 원주민은 자신의 문화로 완전히 되돌아가는 것은 아니지만 백인문화로부터 벗어나기 시작한다.
- 탈식민화된 원주민 : 이 단계에서 작가는 자신의 문화와 대중으로 완전히 되돌아간다. 최종적으로는 당면한 사회적 맥락과 인종 정체성을 넘어 나아갈 수 있다.

흉내 내는 원주민으로서 작가는 식민 지배자의 문화를 단지 모방하고 자신의 문화, 원주민의 문화를 거부한다. 지식인은 식민 지배자의 문화에 압도당하며, 뿌리를 내리지 못하고, 확신을 갖지 못한다.("정신적 혼란"을 경험한다. Les Damnés : 159) 식민 문화에서 희망을 찾는 매우 혼란스럽고 '분열되어 있는' 지식인의 모습이다.

과도기 단계에서 백인문화에 대한 작가의 신뢰는 흔들린다. 그러나 동족과 "외부인과의 관계를 한동안 유지하기"(Les Damnés : 159) 때문에 자신의 토착 문화로 (되)돌아갈 수 없다. 이제 지식인은 대중과 토착 문화에서 장점을 찾기 시작한다.

세 번째 단계에서 결국 작가는 "민중을 분발시킬"(159) 정도로 떠들썩해진다. 초기 삶의 소외로 인해 단지 모방적인 작품만을 만들었던 작가 혹은 지식인은, 이제 민중으로 되돌아가게 되자 새로운 사고들을 만들기 시작한다. 바로 작가들이 '전투적 문학'과 '민족문학'을 양산하는 시기다.

파농이 주장하듯이, 진정한 민족문학은 전투적이다.(173) 이 문학은 "새롭고, 무한한 지평을 개방하고"(173) 미래를 형성하는 데 중요한 역할을 한다. "새롭고, 무한한 지평을 개방하는" 이러한 작품은 다음을 의미한다.

1. 식민 지배자들이 정착시킨 사고와 철학들의 폐기
2. 지식인 혹은 작가들이 식민 유산을 폐기하고, 그들을 동포로부터 멀어지게 한 그들 자신의 엘리트주의를 인식할 수 있도록 반식민 투쟁에서 대중운동과의 연대
3. 종국적으로 인종 정체성을 넘어서서 더 크고 보편적인 것을 달성

파농의 지적 '연구'는 어디까지나 사회적 맥락에 토대를 둔다. 즉, 지적 연구는 피식민지인의 **체험된** 경험에 뿌리를 두고 있어

야 가능해진다. 파농이 아프리카에 대해 포괄적으로 이야기하는 지식인과 작가들을 비판하는 이유도 여기에 있다.

> 서구 문화에 완전히 빠져 자기 문화의 존재를 입증하려는 피식민 지식인은 결코 앙골라 혹은 다호메이Dahomey라는 이름으로 입증하지 않는다. 증명되어야 하는 것은 아프리카 문화이다.(Les Damnés : 150)

이런 작가는 그가 속한 인종 **전체**를 대표한다. 이 '영역terrain'(파농의 용어)은 식민 지배자에 의해 이미 부여된 것이다. 이러한 작가들은 사실 서구화되고 자신의 문화와 소원해진 지식인들이며, 서구와 이데올로기적으로 공모하고 있는 **"매판 지식계급"**(Appiah 1991)이다.

파농은 편협한 지성주의intellectualism를 반대하고 지식인에게 경고를 보내면서도, 실제적인 사회 투쟁에 뿌리를 두라고 촉구하는 것을 잊지 않는다. 파농이 경고하듯, 지식인들이 앞서 이끌어 나가면 농민들이 '뒤따를' 것이라는 생각은 잘못되었다.

> 지역 정당 지도자들은 교량이 전체로서 그리고 세부적인 측면에서 통합되고, 재설계되고, 재전용될 수 있도록 각종 기술이 불모지 같은 시민들의 뇌에 스며들 수 있게 신경 써야 한다. 이런 방식으로, 이런 방식으로만 모든 것이 가능하다.(Les Damnés : 141)

여기서 파농은 지역 지식과 협력을 주장한다. 즉, 대중은

사고를 내면화하는 것이지 사고가 대중에게 부과될 수는 없다.(Lazarus 1993 : 84)

이 같은 뿌리내림embeddedness을 딛고, 파농은 지식인이 인종의 양극단을 넘어 보편적인 것을 추구하기를 소망한다.(Posnock 1997) 그래서 알제리인이 스스로 형성시켜 온 관심과 사고들을 반박하고자 했다.(Mowitt 1992) 알제리 지식인은 "분열되거나 혹은 분산된 인물"(Mowitt 1992 : 177)로서만 기능할 뿐이다. 그러나 파농이 생각하는 탈식민화된 포스트식민 지식인은, 직접적인 사회적 맥락을 초월할 수 있고, 피식민지인 문제에 충분히 **자아 성찰적**일 수 있는 지식인이다. 파농은 역사 인식의 필요성, 특히 식민 착취에 대해 알고 있었다. 그러나 그는 피식민지인이 과거에 사로잡혀서는 안 된다고 강조했다.(파농이 《검은 피부, 하얀 가면》(176)에 쓴 것처럼 "과거라는 물질화된 탑에 갇혀"서는 안 된다.) 따라서 파농은 '근원으로 돌아가자'라는 반식민주의자 및 포스트식민주의자들의 주장에 반대했다.(예를 들어 1991년 데릭 월콧이 쓴 서사시 《오메로스Omeros》에서, 아킬레스Achilles는 걸어서 대서양을 횡단하여 '고향'인 아프리카로 귀환한다. 그러나 응구기는 《마티가리 Matigari》(1989)에서 이러한 '귀향'을 찬양하기보다는 위기의 문제로서 재현한다.)

이후 비평가들 역시 파농을 분명히 언급하지는 않아도, 포스트식민 지식인들에게 자아 성찰성이 절박하게 필요하다는 사실을 지적한다.(예를 들어 다음을 볼 것. Martinez 2003) 다른 논평자들이 주목하듯이, 파농은 하나의 전통, 즉 유럽 전통 혹은 원주민 전통 내에 스스로를 가두지 않으려는 포스트식민 지식인 이었다.(Forsdick and Murphy 2009 : Rajan 1997) 파농이 《검은 피부, 하얀 가면》에서 순수한 '아프리카' 정체성을 거부하고 과거의 아프리카 신화에 구속되기를 거부할 때, 그는 이미 자신의 보편주의 쪽으로 나아가고 있었다.(그의 보편주의는 이 책 9장 휴머니즘에서 많이 논의된다.) 파농이 다양한 유럽 사상가들(마르크스, 프로이트, 라캉, 세자르, 귀엑스, 마노니, 디오프)과 연관되어 있다는 점은 그의 복잡한 지적 계보를 보여 준다. 그는 처음에는 탈식민 전략으로서, 그리고 나서 자아 성찰적이고 의식적으로 보편적인 사고방식으로서 이들을 동원한다. 파농이 제시하듯이, 어떠한 지점에서도 우리는 포스트식민 지식인을 토착문화보호주의자 nativist로 간주할 수 없다. 우리가 파농에게서 취해야 하는 것은 바로 이러한 입장, 태도, 그리고 사고 형식이다.

| 농민, 대중, 정치조직 |

지금까지 파농이 생각한, 반식민 투쟁과 탈식민화에서 지식인의 역할에 대해 살펴보았다. 이제는 이러한 투쟁의 두 번째 구성 요소, 즉 대중과 대중의 정치화 문제를 살펴볼 차례이다.

파농의 설명에서, 대중의 정치적 동원은 다음과 같은 내용을 포함한다.

- 민중에 다가감으로써 이루어지는 의식-고양에서 지식인이 하는 역할
- 대중의 관심을 이끌어내고 지식인과 대중 간의 거리를 줄이는 전통적인 문화 실천과 신념들의 회복
- 제국의 정치 기제와 피식민지 지식인의 공모에 대한 폭로
- 포스트식민 국가에서 새로운 엘리트가 어떻게 이전 백인 지배자들과 같은 착취적 권력과 지위, 권위를 차지하는지에 대한 비판

파농은 반식민 투쟁과 탈식민화를 목적으로 하는 전통적 신념 및 제도의 조직으로서 정치적 동원 문제에 접근한다. 이 동원에서 전통적 제도들은 강화되고 변형되며, 촌락회의는 정치화된다.

파농은 대중과 혁명 조직가, 특히 정치 활동에 참여하지 않고 일상적인 삶을 영위하는 촌락 사람들을 보고서 난처해 하는(Les Damnés : 93) 혁명 조직가 사이에 있을 수 있는 거리를 인정한다. 그러나 그가 주장하듯, 지식인과 정치 활동가의 역할은 대중의 사유에 "미묘한 차이를 주는" 것이다.(93) 파농은 대중이 열의를 갖게 되면 식민주의의 현실을 알게 될 것이라고 말한다. 예를 들어, 대중은 식민주의가 실제로 일부 원주민에게 권력을 부여하고 있음을 알게 된다. 즉, "몇몇 흑인들이 백인들보다 더한 백인이 될 수 있다"(93)는 것을 알게 된다. 파농은 그들의 동포가 어떻게 식민 지배자와 공모하는지를 대중들에게 교육하는 것이 과제라고 언급한다.(농민을 진정한 혁명 계급으로서 간주하

는 파농의 견해와 아프리카 사회의 계급 구조 분석은 논쟁거리가 되어 왔다. 가장 대표적인 책은 다음과 같다. Jack Woddis, 1972. 추가로 다음을 볼 것. Caute, 1969)

이러한 공모를 폭로하는 대중의 의식 고양은 또 하나의 흥미로운 결과를 낳는다. 의식의 고양은 "피식민지인이 외국 이주민에게 보이는 전반적인 증오를 진정시킨다".(Les Damnés : 94) 일부 피식민지인이 더 나쁘기 때문에, 식민 지배자는 더 이상 "공적 1호"(95)로 여겨지지 않는다. 따라서 파농이 생각하는 새로운 정치혁명은 제국주의와의 공모, 모방과 협력에 대한 의식으로부터 출현한다. 파농은 혁명적 농민의 역할을 과도하게 강조하고, 급진적 지식인들의 역할에 대해서는 양면적인 관점을 보였다고 할 수 있다.(McCulloch 1983 : 153-4) 〈미래의 아프리카〉에서, 파농은 독립 이후 "왕성한 식욕을 보인" "민족 중산계급"(Africaine : 186)을 냉정하게 비판한다. 파농이 언급하듯, 결국 그들은 "제국주의자와 유사한 상태"가 된다. 그 결과, 노동자들은 식민 시기와 동일한 방식으로 억압당하고, 노동조합과 정당들은 비효율적이거나 부패해진다.(186-7)

이러한 문제, 즉 포스트식민 국가들의 타락, 해방투쟁의 이상에 부응하지 못하는 실패, 백인 억압자와 흑인 혹은 원주민 '후손' 간의 권력 구조상 연속성 문제를 다룬 포스트식민 텍스트들은 여럿 있다. 로힌턴 미스트리의 소설 《적절한 균형A Fine Balance》(1995)에서, 정치인들과 프티부르주아지가 백인 지배자들이 남긴 역할에 빠져드는 모습은 국민의 적이 되어 가는 포스

트식민 국가의 기능을 놀라울 정도로 명확하게 간파하여 보여
준다.

> **당신이 속한 도시!**
> **계속 아름다워라!**
> **굶주린 사람들을 위한 음식! 집 없는 사람들을 위한 집들!**
> **국가는 매우 분주하게 움직이고 있다!**(Mistry 1996 : 373, 원본 강조)

국가로 인해 일어나는 문제들의 역설은, '매우 분주하게 움직
이는 국가'가 시민들을 주변화시킨다는 데에 있다. 엘리트들은
정부를 차지하고, 가난한 사람들은 추방되었다.(집 없는 사람들은
원래 그들이 살던 집과 오두막 같은 공동주택이 '혁신적인' 도시 구조와
고층 빌딩에 밀려나 사라지면서 '창조'되었다.) 그리고 무력한 사람들
은 국가가 '움직일' 때 쉽게 착취당하는 존재가 되었다.

그러나 이처럼 억압받는 사람들이 저항하기란 쉽지 않다. 파
농의 말대로 토지를 소유하지 않은 사람들, 룸펜프롤레타리아
트는 술꾼이 되거나 범죄에 빠져들 뿐이다.(Les Damnés : 81) 이 상
태는 가혹한 식민정책의 결과이다.(파농은 케냐의 예를 든다.) (알제
리에서) 농민들은 토지를 잃고, 토지를 소유하지 못한 농업노동
자가 되었다. 근대 농업기술이 도입되면서, 전통적인 농업 형태
들은 사라졌다. 그래서 토착 농민이 할 수 있는 일이란 거의 없
어졌다. 추방당한 농민들은 도시로 이동하지만, 그들은 여전히
가난한 실업 상태에 머문다. 이후 혁명으로 나아가는 사람들이

바로 이 계급이다.

파농은 농민들처럼 공장에서 일하는 사람들, 택시 기사, 광부, 부두 노동자, 간호사 같은 노동자들이 비참하게 생활하며 변화를 위한 준비를 하고 있다고 주장한다.(Les Damnés : 64) 그들은 "민족 정당의 가장 충성스러운 고객들"(64)이다. 파농은 매춘부, 부랑아, 그가 "이류 시민들"(82)로 열거한 룸펜프롤레타리아트가 혁명 계급이 되는 수단으로서 폭력 행위를 파악하게 된다고 보았다.(파농은 룸펜프롤레타리아트가 쉽게 타락하는 특성이 있음도 알았다. Les Damnés : 87)

파농은 룸펜프롤레타리아트가 주도하는 이차적인 혁명을 예상한다. 독립 이후 권력을 차지한 신식민 엘리트와 프티부르주아지에 대항해 그들이 반역을 일으킬 것이라고 예상한다. 다음 장에서 살펴보겠지만, 이는 민족의식이 낳는 그다지 바람직하지 않은 결과들 중 하나이다.

파농은 피식민지인이 **검은 피부를 가진 인간적** 자아a black human Self로서 자아의식을 획득하도록 '흑인의식'의 필요성과 흑인문화(네그리튀드)의 자부심을 강조한다. 식민주의는 흑인의 자아의식을 파괴시켜 왔다. 흑인의식은 피식민지인이 그에게 부과된 정신을 넘어서고 그런 후 자아의식을 개발하도록 하는 것이다. 결국 이러한 자아의식과 자기 문화로의 복귀는 흑인들로 하여금 **인종** 정체성과 관련지어 자신의 자아를 이해하도록 한다. 또한 흑인의식은 '흑인'이 항상 '백인'과의 관계 속에 파악되는 관계적 정체성에서 벗어나게 한다.

파농은, 흑인의식과 더불어 자기 문화로의 복귀를 가능하게 하는 것이 민족문화라고 파악했다. 민족문화 혹은 문화민족주의(네그리튀드가 하나의 구성 요소이다.)는 개인과 공동체의 과거와 연결되는 의식을 만든다. 이 의식은 피식민지인이 제 문화에 서구 문화가 악의적으로 이식되는 것을 막는 데 기여한다. 문화민족주의는 식민 체제가 삭제하려 한 문화적 실천들(관습들)의 회복을 요청하고 수행한다. 그러면서 동시에 파농은 일원화된 혹은 단일적인 민족문화가 가져올 수 있는 위험을 막고자 했다.(자세한 것은 다음 장에 논의)

파농은 이러한 민중 의식의 고양에 지식인의 노력이 필요하다고 말한다. 그가 생각하는 지식인-작가의 성장은 세 단계를 거친다. 모방하는 원주민으로서 작가는 식민 지배자의 문화를 단순하게 모방하고 자신의 문화, 원주민 문화를 거부한다. 그 결과, 이들은 자기 문화에서 격리된다. 그러다가 과도기 단계에 이르면 백인문화에 대한 작가의 신뢰가 흔들린다. 작가는 대중과 원주민 문화의 장점을 파악하기 시작한다. 세 번째 단계에서 작가는 민중으로 되돌아가고 '전투적 문학'과 '민족문학'을 생산하면서 새로운 사고를 만들기 시작한다. 지식인은 자기가 속한 원주민 문화에 뿌리를 두어야 한다. 그러나 파농이 경고하듯, 지식인은 궁극적으로 인종 정체성을 넘어 더 크고 보편적인 것에 도달해야만 한다.

반식민 투쟁과 탈식민화에서 대중이 차지하는 역할에 주목하면서, 파농은 대중의 정치 동원을 요청한다. 그가 주장하는 것처럼, 이 같은 정치 동원에는 지식인이 대중과 접촉하면서 복귀하고, 대중의 관심을 끄는 전통적인 문화 실천과 신념들을 회복시키고, 피식민지 엘리트들이 제국주의자들과 공모하는 현실을 인식하는 것이 필요하다. 탈식민화에는 새로운 엘리트들이 이전 백인 지배자들과 동일한 권력과 지위를 차지하고 있다는 인식이 필요하다. 이 인식을 통해 룸펜프롤레타리아트는 새로운 갈색인 혹은 흑인 엘리트에 저항하는 부차적인 혁명을 촉발시킨다.

제 8 장

민족주의와 그 함정

Frantz

Fanon

앞 장에서 우리는 파농이 1) 반식민 투쟁과 2) 피식민지인의 자아의식 향상에 필수적인 요소로서 문화민족주의와 네그리튀드를 어떻게 옹호하는지를 보았다. 그러나 파농은 문화민족주의의 다른 가능성들, 위험하고 골치 아픈 가능성들도 알고 있었다. 이 장에서는 문화민족주의와 네그리튀드와 같은 운동을 파농이 어떻게 생각하고 비판했는지를 살필 것이다.

| '민족'이라는 이름으로 |

파농은 진정한 탈식민화를 성취하려면 문화민족주의와 네그리튀드, 자아의식이 필요하다고 믿으면서도, 이 운동들이 가져올 의도치 않은 다른 결과들도 예상했다. 예를 들어, 민족주의는 종종 신식민 엘리트들의 착취 무기가 된다. 이 경우에 착취는 "민족 이익"(Les Damnés : 102)으로 은폐된다. 신식민 "지도자들"은 절대 "지도자들"(127) 자리를 내놓지 않는다. 이는 포스트식민 국가들이 명백하게 인정하는 정서이다. 독립 이후 백인 식민 지배자들이 검은 피부 지배자들로 교체될 뿐, 그 밖의 모든 것, 특히 착취는 변하지 않는다는 것이다.

7장 후반부에서 우리는 포스트식민 인도의 '발전'을 미스트리가 어떻게 비판했는지를 살펴보았다. 그는 발전이 지역 지도자들에게만 권력을 부여하고, 가난하고 불우한 사람들에게선 오히려 권력을 빼앗고 있는 포스트식민 인도를 비판했다. 미스트리처럼, 수많은 포스트식민 작가들은 그들이 속한 집단의, 예컨대 원주민 지도자들이 초래한 반식민 투쟁 이상의 쇠퇴, 부패로의 추락, 도덕적 파산, 민중의 변함없는 종속을 묘사하고 있다.

에메체타, 나이지리아 소설가 플로라 느와파Flora Nwapa(1931~93), 케냐계 캐나다 소설가 바산지M. G. Vassanji(1950~)의 소설은 아프리카 포스트식민 사회들의 부패를 보여 준다. 나이폴은 카리브 사회의 속물주의와 소비주의를 공격한다. 테미나 두라니Tehmina Durrani(1953~)와 카밀라 샴지Kamila Shamsie(1973~)는 파키스탄 정치를 계속 지배하고 있는 편견과 봉건주의를 고발한다. 소설가 미스트리, 활동가이자 소설가인 아룬다티 로이Arundhati Roy(1961~)의 작품들과 이른바 하층 카스트들castes(현대 인도에서 '달리트Dalit'라는 집단으로 구분되는)의 회고록은 정치적으로 백인 지배자로부터 독립했음에도 불구하고, 갈색 피부의 지도자들이 취임했음에도 불구하고, 과거의 억압 구조가 어떻게 인도에 잔존하는지를 보여 준다.('달리트'는 인도 신분제도에서 가장 낮은 계급, 즉 불가촉천민Untouchable을 지칭한다.) 그때나 지금이나 엘리트들은 국민들과 거리를 두고 있다. 미스트리가 훌륭하게 보여 주듯이, 그들의 '민족의 선good'이라는 수사의 반복적 사용은 종종 심각한 사회적 불평등을 은폐시키고, 포스트식민 국가임에도 불구하고 가난한 사람들을 계속해서 주변화시키고 있다.

엘리트들이 민중을 진정으로 계몽하지 못하고 대중을 끌고 가는 이러한 상황에서, 그리고 지배자와 피지배자 간의 단절이 발생하는 상황에서, 종족 갈등과 종족중심주의로의 회귀가 이어져 왔다.(Les Damnés : 105) 분명 종족중심주의는 탈식민화로 나아가는 단계로서 네그리튀드라는 의사가 처방한 약품이었다. 그러나 곧 종족중심주의는 모든 종족이 다른 모든 종족을 배척하고, 타자의 추방을 요구하는 외국인혐오로 타락하고 말았다. 그리고 외국인혐오가 유발한 대학살과 종족 학살과 같은 상태로 빠져들었다.(105) 지금도 수단, 콩고, 소말리아, 르완다 등지에서 종족 갈등이 대학살과 극단적인 고통을 초래하고 있다. 반식민적 문화민족주의에서 외국인을 혐오하는 민족주의로 변화되는 상황을 파농은 이미 예견했던 것이다. 바로 이 부분이 네그리튀드 비판에서 파농의 선견지명을 인정하는 지점이다.

| 파농의 네그리튀드 비판 |

문화운동과 민족주의운동으로서 네그리튀드에 대한 파농의 비판은 다음과 같이 요약할 수 있는 다양한 요소들을 가지고 있다.

1. 네그리튀드가 주장하는 단일하고 동질적인 흑인문화라는 사상의 거부
2. 네그리튀드가 말하는 자기동일적이고 완전한 것으로서 식민 이전 흑인문화의 순수성이라는 주제의 거부
3. 네그리튀드가 식민 이전 시기와의 연속성을 모색하는 것(아프리카 과거 문화에 대한 네그리튀드의 관심)에 대한 거부
4. 네그리튀드가 문화를 과도하게 강조하면서 흑인의 일상적 삶을 진정으로 바꾸려 하지 않는 것에 대한 우려
5. 자신의 정체성을 피부색과 문화의 배타적 형성물로 보는 시각에 대한 거부
6. 모든 계급에서 계급보다 인종을 특권화시키는 네그리튀드에 대한 안타까움

파농이 주장했듯이, 네그리튀드는 흑인문화와 동질적인 전망에 기반을 두어서는 안 된다. 파농이 훌륭하게 기술하고 있듯이, "단지 **한 명의** 흑인만이 존재하는 것이 아니라 **흑인들**이 존재한다".(Peau noire : 104, 원문 강조) 이와 더불어 파농은 '흑인문화' 자체의 의미가 무엇인지에 대한 다양한 해석을 요구한다. 그는 네

그리튀드가 "반식민 정치의식"(Hanley 1976 : 122)의 구축에서 확실한 역할을 한다는 점을 수용하지만, 이 의식이 동질화시키는 개념을 넘어 나아가야 한다고 주장한다.

파농은 네그리튀드의 '찬란한 과거', 혹은 그가 민족의 현재와 미래를 종국에는 거부하는 "신화적인 과거" 이상으로 부른 것(Peau noire : 7)을 비판적으로 바라본다. 분명 네그리튀드는 초기에 반식민 의식의 형성에 기여했다. 그러나 식민 지배자에 대항하는 행위에 실제로 관여한 이후, 파농은 피식민지인은 '흑인문화'와 같은 추상적이고 모호한 개념보다 주로 지역적 개념에 토대를 두고 있다고 인식하기 시작한다. 그때부터 그는 하나의 개념으로 대륙을 간주하지 않고, 민족적인 것과 지역적인 것에, 그리고 신화적인 과거가 아닌 현재의 투쟁과 미래를 위한 어젠다에 더 큰 의미를 부여했다.

세자르, 알리운 디오프와 같은 사상가들을 비판하면서, 파농은 식민 이전의 과거에 가치를 부여하는 것은 잘못된 것이고, 그것은 "과거라는 물질화된 탑에 갇히는" 것이자 "소외되는" 것이라고 주장한다.(《검은 피부, 하얀 가면》 영어 번역본 176쪽 문장 "과거라는 물질화된 탑에 스스로 갇히지 않으려는 흑인들과 백인들은 소외에서 벗어날 것이다"라는 문장을 고려할 때, 저자가 이 문장에서 disalienated(소외에서 벗어나는)라는 단어를 사용한 것은 착오로 볼 수 있다. 따라서 문장의 전후 관계에서 의미를 파악하여 '소외되는'으로 수정하여 표기한다.—옮긴이) 파농이 분명하게 말한 것처럼, 그는 "과거의 인간"이 되길 원하지 않고, 현재와 미래를 희생시키며

과거를 "찬양"하는 것을 거부한다.(Peau noire : 176)

〈인종주의와 문화〉에서, 파농은 네그리튀드를 강력하게 비판한다.(비록 그는 '네그리튀드'라는 말을 명시적으로 사용하지 않지만, 그런 의도가 암시되어 있다고 생각한다.)

> 이전에 부정되고 조용히 사라져 버린 관습들, 전통들, 신념들이 격렬하게 가치를 부여받고 긍정되었다. 전통은 더 이상 조롱당하지 않는다. …… 이후로 가치의 무리가 되는 과거는 진리와 동일한 것이 된다.(Africaine : 42)

과거에 가치를 부여하는 것을 파농만 좋지 않은 시선으로 바라본 것은 아니다. 우리는 7장에서 전통 문화 관습을 정치에 활용한 인도 정치인 틸락과, 마우 마우 투쟁에서 민속 노래의 역할을 주목한 응구기의 사례를 보았다. 앞 장에서 언급한 춤과 노래라는 진부한 투쟁 방식에 대한 응구기의 설명은 문화민족주의와 네그리튀드가 지닌 복고주의의 한계를 지적하는 것이었다. 과거는 항상 희망의 근원은 아니었다. 파농과 응구기가 제시하듯이, 탈식민화에서 외국인혐오적인 문화민족주의로의 변화는 선택 사항이 **아니다**.

파농은 이전 피식민지들에게 창조된 과거 대신 그가 상상하는 새로운 휴머니즘을 제시한다.

> 나는 인간이다. 내가 다시 붙잡고자 하는 것은 세계의 온전한 과거

이다. …… 인간이 정신의 존엄성의 승리에 기여할 때마다, 인간이 자신의 동포를 지배하려는 시도에 아니요라고 말할 때마다, 나는 그 행위에 연대감을 느낀다.(Peau noire : 176)

이 구절은 파농이 품은 "아프리카 과거를 찬양하는 네그리튀드에 대한 환멸"뿐만 아니라, "더 거대한 역사와의 동일시"(Bernasconi 2002 : 73)를 나타내는 것으로 보인다. 이 구절은 전통적인 의미에서 보편적인 휴머니즘도 아니다. 파농이 표현한 것, 특히 이 인용문에서 표현하려 한 바는 종속에 대항하는 모든 인간 존재와의 연대이다.

파농은 흑인의 세계 자각이 독특하기 때문에 부활되어야 한다는 네그리튀드 사상도 거부한다. 이러한 자각은 어떤 식으로든 흑인과 흑인문화에 대한 백인의 경멸 혹은 거부를 바꾸지 못하는 형이상학적 성찰일 뿐이다. 더욱이 파농은 아프리카 사상에서 어떠한 '순수성'도 발견하지 못한다. 흑인적 가치에 대한 네그리튀드의 의미 부여를 파농은 이렇게 비판한다. "내 행위의 과정을 정하는 것은 흑인의 세계가 아니다. 나의 검은 피부는 특별한 가치를 포장하고 있는 것이 아니다."(Peau noire : 176) 이 말은 진정성authenticity 주장, 다시 말해 특별한 피부색을 갖는 것이 어떤 문화 혹은 전통에 진정하게 접근하는 자질을 소유하는 것이라는 주장을 명백히 부인하는 것이다. 어떤 의미에서, 이 같은 흑인이라는 존재의 '진정성'은 식민 체제가 원한 바이기도 하다. 식민 체제 역시 모든 것을 피부색에 끼워 맞추려 하지

8 민족주의와 그 함정 |

않았던가.

파농이 훌륭하게 기술한 것처럼, "백인은 자신의 백인성에 갇혀 있고, 흑인은 자신의 흑인성에 갇혀 있다".(3) 식민 체제는 '유형들types'과 범주들이 작동할 때 비로소 기능한다. 그리고 여기에 필요한 것이 본질화이다. 진정성이라는 정형syndrome은 개인들을 정체성들로 '봉인하는' 식민 프로젝트의 결과이다. 물론 네그리튀드는 식민 지배자와 다른 차이를 말하고 흑인의 인간성을 부각시키는 과정에서 이 진정성 주제를 포착한다. 그러나 파농은 단지 차이를 강조하는 것은 지속적인 흑인 혹은 백인의 변증법, 즉 백인이 작동시킨 변증법에 흑인을 가두는 것이라고 주장한다. 네그리튀드가 자아의식 형성에 좋은 출발점일 수는 있어도 그 자체가 목적이 될 수는 없으며, 그것은 더 크고 거대한 목적(휴머니즘)을 위한 수단일 뿐이라는 것이다. 네그리튀드는 식민 지배자가 정착시킨 원시주의라는 진부한 정형을 다시 강조한다. 그리고 그 이성적 논증조차 백인에게 인정받지 못한다.

파농은 네그리튀드의 두 가지 핵심 방식, 즉 비이성적 흑인이라는 진부한 정형과 이성적 논증에 대한 동의subscription가 어떻게 백인들에 의해 거부되는지를 언급한다. 식민 지배자는 백인이 **이미** 거쳐 지나간 진화적인 "발전 단계"를 동원하여 아프리카 사회와 그 차이들을 묵살해 버린다.(Peau noire : 98) 즉, 흑인은 몇 대에 걸친 인간 진화의 초기 단계를 나타내며, 백인은 이후('발전된') 단계를 나타낸다는 것이다.

이로써 아프리카인은 세계 역사의 '원시' 단계에 놓이게 된다.

더 중요한 것은, (네그리튀드가 그러는 것처럼) '흑인성'을 강조하는 것은 식민 지배자들을 납득시키지 못한다는 것이다. 다음과 같은 감동적인 구절을 보자.

> 따라서 나의 비이성은 이성을 거스르고, 나의 이성은 '진정한 이성'과 어긋난다. 나의 모든 패가 질 패였다. 나는 전형적인 흑인이 되기를 원했다. 그것은 더 이상 가능하지 않았다. 나는 백인이 되고자 했다. 그것은 농담이 되었다. 그리고 사고와 지적 활동의 층위에서 내가 나의 네그리튀드를 주장하고자 했을 때, 그것을 빼앗겨 버리고 말았다.(Peau noire : 101)

'비이성적인 흑인'이라는 진부한 정형은 확고한 논리로 환영받았고, 그의 논리는 비논리적인 것으로 거부당했다. 파농은 이렇게 주장하고 있다. 식민적 인종주의라는 극악무도한 맥락에서는 어떠한 네그리튀드도 살아남지 못한다. 자아의식이 개발되고 나면 네그리튀드는 자연스럽게 사라질 것이다.

여기서 파농은 수많은 포스트식민 국가들에서 출현하는 원시주의를 거부하고 있다. 그는 식민 이전 시기의 원주민 문화, 토착문화, 지역문화들을 순수하고, 자기동일적이고 '자연스러운' 것으로 간주하는 원시주의를 거부하고 있는 것이다. 파농은 모든 문화의 복잡하게 얽힌 본질, 문화의 차용과 적응, 문화의 다양성을 지적하고 있다. 다시 말해, 문화 **순수성**이란 신화를 거부하는 것이다.(개리 와일더Gary Wilder의 2004년 논문에 따르면, 세자르도 이러한 생각을 밝혔다.)

"나는 한 인종을 눈에 띄지 않게 했다. 그러자 그 인종은 근원적인 요소에 중압감을 느끼며 비틀거렸다. 그 요소는 무엇인가? 바로 리듬이다!"(Peau noire : 92-3) 파농은 '서인도제도인들과 아프리카인들'이라는 글에서 더욱 강력한 말로 이야기한다. "진실은 흑인이 존재한다는 것과 같은 가정을 정당하게 만드는 선험적인 것이 없다는 것이다. …… 누군가 그러한 '흑인'에 대해 나에게 이야기하면, 나는 그것이 무엇을 의미하는지를 이해하려고 한다."(Africaine : 18)

파농은 식민 이전 과거의 순수성이란 것과, 새로운 의식이 그 순수성을 중심으로 삼는 것을 거부한다. 그는 인종 순수성, 즉 흑인 혹은 백인 순수성이라는 사고도 똑같은 문제들을 안고 있다고 생각한다. 파농은 '흑인'이라는 범주가 존재하지 않는다고 주장한다. 백인이라는 범주도 마찬가지다. 대신 데이비드 메이시가 지적하듯, 파농의 인종 정체성 이해에서 "흑인"과 "백인"은 "열등 콤플렉스와 우월 콤플렉스가 겨루는 무익한 변증법의 과정에서 서로를 창조하는 정도에 따라 단지 존재할 뿐이다".(2004 : 221) 두 인종은 서로 간의 관계 속에서 존재하지만, 그 관계를 선택할 권리는 백인에게만 주어져 있다. 그리고 이 관계는 본질적으로 '선한' 백인과 '원시적인' 흑인을 상정한다. 그러므로 이러한 본질주의들에 의존하는 것은(여기서 파농은 네그리튀드가 흑인 정체성을 본질화시킨다고 지적한다.) 식민 관계를 가능하게 한 본질주의의 함정에 계속해서 빠지는 것이다.

인종 정체성은 식민주의가 권력관계들을 구조화하는 데 요긴하게 사용한 것이다. 이런 이유로 '흑인'과 같은 두루뭉술한 범주로 되돌아가는 것은 아프리카인에 대한 억압을 가능하게 한 구조적인 조건, 정체성과 연관된 조건을 강화하는 결과를 낳는다. 파농이 《검은 피부, 하얀 가면》의 첫 부분에서 자신의 프로젝트가 "유색인이 자신으로부터 해방되는 것"(2)이라고 했을 때, 그는 고착된 인종 정체성을 넘어서는 운동을 이야기한 것이다. 나는 이것이 **흑인성이라는 정체성의 식민적 구조들을 넘어서는** 운동뿐만 아니라, **네그리튀드의 본질주의를 초월하는** 운동을 의미한다고 생각한다.

파농은 모든 식민 이전 문화들이 식민 지배자의 문화로 인해 다소간 수정되어, 즉 오염되어 왔다고 주장한다. 따라서 파농의 주장은 네그리튀드의 문화적 혜택들을 거부하는 것이 아니라, 본질주의라는 네그리튀드의 이데올로기를 거부하는 것이다. 파농은 본질주의라는 이데올로기는 정체성 정치라는 문제를 낳을 것이라고 예상했다. 실제로 파농의 예상은 적중하여, 20세기 후반 수십 년 동안 르완다, 수단, 소말리아 등 아프리카 국가들이 수많은 집단 학살을 양산한 정체성 정치로 추락했다.

파농은 네그리튀드를 거부하는 근거로, 네그리튀드가 모든 흑인문화를 동질화한다는 것과 **미래**를 위해 흑인들을 준비시키지 않는다는 점을 들었다. 파농이 보기에 보편적인 '아프리카인'은 없으며, 보편적인 흑인 경험도 없다. 더욱이 흑인을 위한 미래는 유럽 문명과 유럽이 자행한 흑인의 식민화를 뛰어넘는 것에서 시작되어야 한다. 또한, 파농의 마르크스주의적 관점에서 보면 네그리튀드의 과도한 인종 강조는 계급의 삭제를 초래한다. 그래서 파농은 마르티니크의 경우 "흑인 노동자가 중산계급 흑인에게 대항하는 물라토mulatto 노동자 편이 될 것"이라고 전망한다. 파농은 사회 정체성들의 경제적 토대를 강조한다. "인종 문제는 단지 경제적 현실을 은폐하는 상부구조, 덮개, 모호한 이데올로기적인 산물이다."(Africaine : 18) 이 주장은 파농 사상의 중요한 전환이다. 여기서 파농은 네그리튀드의 문화정치 운동이 지닌 경제적 기반의 허약성을 언급한다. 파농이 지적하듯이, 흑인들에게도 인종 통합 혹은 인종 적대는 계급 이데올로기와의 연대보다 아래에 있어야 한다.

《검은 피부, 하얀 가면》을 마무리 지으면서, 파농은 피부색과 상관없는 **탈인종화된**deracinated 육체를 상상한다. "나의 마지막 기도는 이러하다. 오, 나의 육체여. 내가 항상 질문하는 인간이 되게 하소서."(181) 이 말은 개인주의로 나아가기도 하고 보편주의로 나아가기도 하는 것처럼 보인다. 즉, 이성적이고 호기심 많은 지식 탐구적인 개인주의 혹은 보편주의로 나아가는 것처럼 보인다. 또한 이 말은 단지 가정된 아프리카의 전통 내에서 계몽과 도피, 정체성과 동일화를 추구했던 네그리튀드를 넘어서는 움직임이기도 하다. "나 자신을 세계의 시인으로 만들었다"(98)라고 선언했을 때, 파농은 세계의 피식민지인과 억압받는 사람들을 위한 예언자 역할을 자처하며 분노한 반식민주의자들의 진부한 정형에서 벗어나고자 했다.

"세계의 시인"은 보편적 휴머니즘으로 나아가는 움직임과, 당대에 횡행하던 외국인혐오적 문화민족주의에서 물러섬을 암시하기도 한다. 파농은 반식민 투쟁과 탈식민화로 자기인식에 도달한 포스트식민주의자들에게 네그리튀드의 유산, 즉 반식민 투쟁과 문화민족주의의 위험성을 신중하게 성찰하라고 권고한다. 무엇보다 본질주의(문화가 '핵심' 혹은 일련의 '본질적인' 특징을 가지고 있다는 믿음)로 복귀하는 것을 거부해야만 한다. 포스트식민주의자는 세계에 개방되어 있어야만 한다. 각성한 포스트식민주의자, 전 세계를 언급하는 포스트식민주의자는 바로 이러한 회의懷疑로부터 출현한다. 민족적이건 인종적이건 간에, 그러한 이분법과 본질적 정체성에 대한 회의로부터 출현한다.

새로운 휴머니즘으로의 진전이야말로 파농이 남긴 가장 위대한 유산일 것이다.

민족과 인종의 이분법을 넘어

파농은 진정한 탈식민화를 성취하는 데 문화민족주의, 네그리튀드와 자아의식의 필요성을 알았다. 그러나 그는 문화 순수성 혹은 단일한 정체성의 강조에 내재된 잠재적 위험들을 깨닫고 고민에 빠졌다. 이렇게 가다간 신식민 엘리트들이 포스트식민 사회의 새로운 지배자가 될 것이며, 그들은 백인 지배자들처럼 포악하고 착취적인 존재가 될 것이다! 그들과 백인 지배자 간의 유일한 차이라곤 외국인혐오와 억압의 근거로 '민족 이익'을 들먹이는 것뿐이리라. 파농의 경고대로 문화민족주의는 모든 종족이 다른 모든 종족을 배척하는 외국인혐오로 타락한다. 문화민족주의는 표면상 민족 혹은 문화 순수성을 보존하기 위해 외국인혐오가 야기한 집단 학살과 종족 학살로 타락하고, 타자의 추방을 요구하기에 이른다.

네그리튀드에 대한 비판에서, 파농은 먼저 흑인문화의 다양성 대신에 동질적인 흑인문화 혹은 순수한 식민 이전 문화를 주장하는 사고를 거부한다. 파농이 경고하듯이, 네그리튀드 신화는 포스트식민 국가에 사는 가난한 사람들을 위해 당대의 경제적 혹은 사회적 현실을 바꾸지 않기 때문에, 신화적 과거를 위해 과거를 동경하는 상태에 사로잡힐 수 있다. 결국 파농은 인종 이분법을 넘어 나아가고, 지리와 인종을 초월하여 세계의 고통받는 사람들 편에서 이야기하고자 한다. 인종적 그리고 민족적 이분법을 초월하는 이러한 진전이 또한 새로운 휴머니즘을 형성시키는 진전이다.

제 9 장

새로운 휴머니즘?

Frantz Fanon

흑인은 없다. 백인도 더 이상 없다. 양자는 진정한 대화가 가능하도록 각자의 조상들이 남긴 비인간적인 목소리에서 멀리 벗어나야만 한다.(Peau noire : 180)

파농의 첫 번째 대표 저서 《검은 피부, 하얀 가면》의 첫 페이지에는 다음과 같은 짧은 문답이 있다.

왜 이 책을 쓰고 있는가? ……
새로운 휴머니즘을 위하여 ……
이해하고 사랑하기 위해서 …… (Peau noire : 1)

이 '새로운 휴머니즘'은 파농 저서의 모든 페이지에 나타나지는 않는다. 그러나 새로운 휴머니즘은 반복할 가치가 있는 주제이고, 계몽주의 이래로 유럽이 '실행했던' 일종의 휴머니즘에 대한 회답이다.

이번 장은 파농의 사상이 새로운 휴머니즘을 구현하고 있다는 것을 제시한다. 그리고 파농의 새로운 휴머니즘이 다음과 같은 특별한 단계에서 어떻게 출현하는지를 보여 준다.

- 인정은 자아의식을 위한 토대이다. 백인에게 결코 인정받은 적이 없던 과거의 피식민지인들은 폭력적인 반식민 투쟁을 통해 자기인식에 도달했다.(이전 장들에서 밝힌 문제)
- 윤리적 인정은 차이를 설명하고 존중한다. 그리고 이에 따라 개별 타자, 문화 등을 인정한다.
- 윤리적 인정은 타자의 체험된 경험에 대한 윤리적 행위와 책임을 생성하지만, 형이상학 혹은 초월적 진리에는 관심을 두지 않는다. 이것은 집단적 윤리collective ethics이다.
- 집단적 윤리는 인종적, 지리적, 민족적 경계 혹은 정체성을 초월하여 타자의 고통에 대응한다.
- 인종 정체성 혹은 민족 정체성에 상관없이 고통받는 타자에 대응하는 이러한 능력이야말로 폭넓은 새로운 휴머니즘의 토대이다.
- 이러한 대응은 민족의 경계, 인종의 경계를 넘어설 수 있는 이전 피식민지인들에게서만 출현할 수 있다.

| 휴머니즘의 '문제'

유럽 휴머니즘은 보편적인 인간과 본질적인 인간성을 이야기했다. 이 보편적 인간은 확실한 권리와 근본적인 특성을 지녔다. 그러나 흑인, 아시아인과 여성은 이 '인간' 범주 자체에서 배제되었다. 이들은 야만인, 짐승, 하위—인간sub-human으로 간주되고 취급되었다. '인간'이라는 보편적 범주가 어떻게 보편적이지 않은지는 두 가지 예만 보아도 알 수 있다. 인간은 백인을 의미하게 되었다. 포괄적인 범주(인종, 젠더 혹은 피부색과 상관없이 모든 인간을 의미하는)라기보다, 휴머니즘은 '인간적인 것the human'의 영역에서 많은 것을 제거하면서 실제로 배타적인 것으로 작동했다.

아프리카 노예제는 15,16세기에 발생했고, 이 시기 유럽인은 아프리카인을 사로잡아 아메리카와 카리브 해의 '신세계'에 위치한 자신들의 농장에서 일할 노동력으로 끌고 갔다. 노예제는 흑인은 짐승이고 따라서 인간으로 대접할 필요가 없다는 근거로 정당화되었다. 이렇게 이해된 휴머니즘은 식민주의와 인종 차별을 가능하게 하는 원리가 되었다. 짐승 혹은 야만인으로 결정된 흑인에게는 '인간 권리'니 '인간 존엄'이니 하는 개념을 적용할 필요가 없어진 것이다. 흑인은 인간이 아니기 때문에 짐승들처럼 다루어도 괜찮았다. 그래서 역사적으로 휴머니즘은 강력한 집단, 특히 유럽인의 이익에 기여했다.

심지어 세계의 아주 가난한 사람들을 위해 대의명분을 고

취시킬 때에도, 이러한 유형의 휴머니즘은 인간성의 위계에 맞춰 만들어졌다. 18세기 후반기 영국과 유럽의 인도주의적 humanitarian 체제는 가난한 사람, 극빈자, 매춘부, 고아, 아프리카인과 아시아인들을 인간 이하라고 추정했다. 이들은 열등한 존재로 여겨졌다. 지배 목적으로 추정된 이 위계를 유럽인은 고귀한 행위를 수행하는 기회로서 보기 시작했다. 인도주의는 이러한 위계 의식, 즉 우리(유럽인)가 다른 인간 삶의 형태보다 우월하기 때문에 그들의 조건을 개선하는 것, 그들을 돌보고 그들의 보호자가 되는 것이 우리의 의무라는 위계 의식에서 출현했다. 인도와 같은 식민지에서 유럽인이 말하는 위대한 '문명화 사명'의 근거가 바로 이 인도주의였다. 다시 한 번 이러한 논의에서 휴머니즘이 출현했고, 이 휴머니즘은 유럽인은 꼭대기에 다른 인종은 아래쪽에 있다는 기준에 따라 사람들을 구분하고 등급을 매겼다. 몇몇 경우에 이 등급화는 '하급' 인종은 지배되거나 제거되어야 한다는 것을 의미했고, 다른 경우에는 그들을 '개선'하거나 '개조'해야 한다는 것을 의미했다. 모든 경우에 '인간'이라는 단어는 단지 백인에게만 부여되었다. 이제 특정 인종적·민족적 집단을 구분하고, 등급을 매기고, 지배하고, 배제하는 이 휴머니즘과의 일전이 불가피해졌다.

파농은 이러한 형태의 휴머니즘을 의심하고, 이것이 일반적인 휴머니즘이 아니라고 생각했다. 그래서 그는 "다른 시기에 수많은 인간성 관련 문제들의 해결책이, 그 모든 요인이 유럽에 존재하고 있었다"는 점을 인정하지 않을 수 없었다.(Les Damnés

: 237) 유럽 휴머니즘은 오직 식민주의와 같은 인종주의적 체제 내에서만 실패한 것이다.

| 해방된 포스트식민 |

전통적 유럽 휴머니즘은 식민주의 내에서 흑인 타자를 인정하지 않기로 합의하고, 흑인이 '백인'을 인정하기를 요구하기 때문에 실패한다. '상호 인정reciprocal recognition'(파농의 용어)을 획득하는 것은 차이를 **의식하고** 경계하는 것이다. 인정 행위의 핵심은 성찰성reflectivity이다. 전통적 휴머니즘이 달성할 수 없는 인종 경계의 초월을 가능하게 하려면, 이전 피식민지인은 이러한 성찰성을 가져야만 한다.

그러나 투쟁과 탈식민화 이후 전개된 포스트식민적인 것은 어떠한가? 파농이 판단한 포스트식민의 모습은 다음과 같다.

- 반식민 투쟁이 피식민지에게 자아의식을 부여했다.
- 탈식민화는 유럽적인 사상 체계에서 이 자아를 해방시켰다.
- 민족의식은 지역의 역사의식과 문화의식을 고취시켰다.

이제 이전 피식민지인은 이 모든 것을 넘어서서 새로운 의식의 단계로 나아가야 한다. 피식민지인은 식민주의의 인종적 이원론들(비이성적이고 사악한 흑인과 이성적이고 고귀한 백인의 대립)뿐만 아니라, 본질주의와 문화민족주의의 이항 대립적 정체성들에서도 벗어나야 한다.(물론 여기에는 긴장도 있다. 한편으로는 단일한 인종 정체성 혹은 민족 정체성으로 인정받기를 바라면서도, '어디 출신인가요'라고 묻는 사람이 없으면 모욕감을 느낀다. 그런데 이 같은 특수성 질문은 명백히 보편성을 부정하기 때문에 오히려 이 질문이 모욕적이기도 하다! 다음을 참조할 것. Hage 2010) 이전 피식민지인의 '완전한 해방'은 사회적이고 개인적인 것이다. 식민적 고정관념과 인종적 본질주의를 인식하고 그것과 싸우면서도, 포스트식민적인 것은 인종 정체성에 사로잡히지 않으면서 그 정체성을 성찰해야 한다. 만약 그렇게 하지 않는다면 포스트식민적인 것은 정체성 문제에서 식민적 이항 대립만을 반복하게 될 것이다. 정확하게 이 점이 파농이 문화민족주의에 불만을 표현한 이유이다.(8장에서 우리가 살펴본 바)

이처럼 자기인식적이고 성찰적인 포스트식민적 의식은 "인간이라는 개념, 인류의 미래에 대한 개념"(Les Damnés : 143)을 가지게 된다. 여기서 파농이 민족 정체성 혹은 인종 정체성이 **아닌 일반적** 인류에 대해 이야기하고 있는 것에 주목하자. 이러한 '인간에 대한 개념'과 '인류'에 대한 의식은 새로운 휴머니즘으로 나아가는 발판이다. 상호 인정 문제부터 이야기해 보자.

| 인정의 윤리 |

파농에게 폭력은 목적이 아니라 수단이다. 앞서 살펴본 대로, 파농은 원주민의 폭력을 식민 체제 자체에 내재된 폭력의 결과로 간주한다. 폭력은 피식민지인이 자아성에 도달하는 데 도움을 주며, 식민 관계의 유일한 언어이기도 하다.

《검은 피부, 하얀 가면》 첫 페이지에 있는 파농의 질문, "흑인은 무엇을 원하는가?"[1]는 정체성에 대한 질문이 아니라 동일시에 대한 질문이다. 이후 파농은 "나를 바라볼 것을 요구한다"[170]라고 쓰며 그에 대한 답을 이야기한다. "자기 자신의 인간 가치와 실재는 다른 존재의 인정에 달려 있다."[169] 흑인과 백인은 서로 인식하고 인정한다. 식민 관계에서 부재하는 것이 바로 이 인정의 상호성reciprocity이다.

인성personhood은 전통적으로 백인만의 특권이 되어 왔고, 흑인은 "사물성으로 봉인되어" 있다.(Peau noire : 170) 이 언급은 인정의 부재와 이로 인한 비인간화의 조건을 제기한다. 파농은 "나를 인정하기를 망설이는 자는 나와 대립한다"라고 쓴다.(170) 이러한 인정 없이는 자아의식도 없다. 흑인의 폭력과 분쟁에 화가 난 백인이 흑인을 향해 "망할 검둥이"[172]라고 소리칠 때, 흑인은 폭력에 의지하더라도 일시적 **인정**이나마 얻고자 애쓴다. 다른 말로, 인정은 **투쟁**의 결과이다.

이 투쟁은 본질적으로 자신의 인간성을 위한 피식민지의 투쟁이다. "이전 노예는 자신의 인간성에 이의를 제기할 필요가 있다."(Peau noire : 172) 다음은 파농이 생각한 휴머니즘으로 나아가는 경로이다.

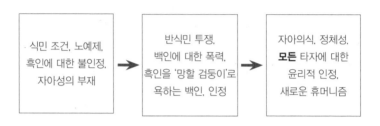

흑인the black은 투쟁을 벌여 검은 피부색을 가진 **인간**a black man**으로서**의 인정을 획득했다. 흑인의 인간성은 결국 인정을 받았다. 흑인과 백인 모두의 탈식민화에 이르는 길은, 바로 이러한 흑인의 특수성에 대한 **윤리적** 인정이다. 〈인종주의와 문화〉에서 파농은 "식민 상황이 회복 불가능할 정도로 거부된다면, 다른 문화의 상호적 상대주의를 인정하고 받아들이는 이러한 결단(에 있는) 보편성"(Africaine : 44)을 언급했다. 차이, 개인, 인종과 문화에 대한 윤리적 인정은 전 세계를 포함하기 때문에 새로운 휴머니즘의 기반이 된다.

파농은 이 인정이 지적, 문화적 영역들에 한정되지 않음을 신중하게 주장한다. 파농의 네그리튀드 비판은 문화적 인정만으로는 식민지의 물질적 실재들이 변화하지 않는다는 관점을 전면에 내세운다.

기원전 3세기 흑인 문학과 흑인 건축을 접하게 되면 사람들은 굉장한 관심을 보일 것이다. 또한 흑인 철학자와 플라톤 사이에 그렇게 수많은 서신이 왕래했다는 사실이 세간에 밝혀지기만 한다면 나는 정말 기쁠 것이다. 그렇지만 나는 이런 사실이 과연 마르티니크나 과들로프Guadeloupe의 사탕수수 밭에서 땀 흘리며 일하는 여덟 살 꼬마들의 인생에 어떤 변화를 가져다줄 수 있을지 알 수가 없다.(Peau noire : 180)

인정은 다른 **사람들**의 문화적, 역사적 실재에 대한 승인 acknowledgement이다. 진정한 탈식민화는 백인과 흑인, 식민 지배자와 피식민지인 모두가 차이를 이해하고 존중하는 것에 달렸다. 〈인종주의와 문화〉에서 파농은 이러한 인정과 차이의 윤리에 대한 전망을 다음과 같이 이야기한다.

이제 자유로워진 점령자의 충동적이고 완고한 문화는 진정으로 형제가 되지 못하는 사람들에게 개방된다. 두 문화는 서로 모욕할 수도 있고, 풍요롭게 할 수도 있다. 결론적으로 식민 상황이 회복 불가능할 정도로 거부된다면, 보편성은 다른 문화들의 상호적 상대주의를 인정하고 받아들이는 이러한 결단에 있다.(Africaine : 44)

파농이 **상호 간의** 풍부함을 이야기하는 것은 의미가 있다. 파농을 배타적이고 폭력에 몰두하는 사람으로 간주하는 사람들에게, 이러한 주장은 당연히 그런 편견을 교정하는 역할을 할 것이다. 반식민적 폭력은 1) 흑인에 대한 백인의 인정, 2) 흑인의 자아 발견, 3) 상호 간 차이의 인정(아프리카 흑인들 사이뿐만 아니라 백인과 흑인 사이의)을 낳는다. 이러한 관점에서 이후 탈식민화는 문화들의 상호 인정, 문화 차이와 상호 간의 변형 과정을 통해 진전된다. 파농은 인정의 윤리가 서로를 풍부하게 하는 결과를 가져온다고 강조한다. 파농은 식민주의의 불평등한 권력 관계가 배제된다면, 탈식민화가 **식민 지배자와 피식민지인을 서로 변형**시키는 결과에 이를 것이라고 주장한다.

파농이 모색하는 바가 바로, 배제와 전통적 범주화에 근거한 휴머니즘의 완전한 전복이다. 이러한 입장에서 파농은 차이가 존중되는 휴머니즘을 모색한다. 파농의 휴머니즘은 백인에게 흑인이 더 이상 '대상'이 아니라 검은 피부를 가진 인간black human으로 존재하는 '다른 문화들의 상호적 상대주의'의 결과이다. 유사한 방식으로 백인은 단지 백인 억압자 혹은 지배자가 아닌 하얀 피부를 가진 인간이 된다. 이 휴머니즘은 파농이 지적하듯 "살인자들"(Les Damnés : 236) 인종의 일부인 유럽인에게 뿌리 깊게 박힌 인간 모델을 모방하는 것이 아닌, 흑인을 **당당하게 인간으로** 받아들이는 휴머니즘이다. 파농이 제기하듯 인간은 단지 '인간'에 대한 유럽 모델과 비교하여 정의(계몽주의 이래 고전적인 휴머니즘처럼)될 수 없다. 아프리카인(더 나아가 여성, 아시아인, 그리고 어떤 인종 집단의 구성원들)은 유럽 관점으로 평가되어서는 안 되고, 그 자체로 그리고 스스로 인간이 되어야만 한다.

윤리적 인정은 다음과 같은 것을 수반한다.

- 모든 타자의 정체성, 인성, 문화적 정체성에 대한 인정
- 인정의 **상호성**
- **차이**를 삭제하거나 동일화하지 않고, 혹은 불리하게 만들지 않고 존중하는 것

우리가 이미 주목했던 것과 같이, 피식민지인의 폭력은 파농의 체계에서 자아실현을 가능하게 한다. 이 자아실현이 이전 피식민지인에게 생겨난다면, 더 포괄적인 휴머니즘을 진전시키는 집단적 자아실현으로 나아가는 진보를 볼 수 있을 것이다. 제럴드 터커Gerald Tucker가 제시하듯, 파농이 생각하는 피식민지인의 폭력은 "공동체의 진정한 정신"을 향상시키는 반면, 식민적 폭력은 "공동체 감정을 공유하지 못하게 한다".(1978 : 408) 파농이 구상하는 이 집단적 의식과 집단적 윤리의 출현이 이후 우리의 관심사이다.

| 집단적 윤리 |

차이의 인정은 아울러 집단적 타자의 인정을 동반한다. 그런데 집단의 인정에는 집단적 책임이 필요하다. 파농은 탈식민화 이후 국가 건설의 과제는 사회주의와 평등에 토대를 두어야만 한다고 말한다. 사회적, 정치적 책임은 권력 및 부와 함께해야 한다.

정치적 독립은 휴머니즘으로 나아가는 긴 여정의 한 단계일

뿐이다. 파농은 다음과 같은 이유로 개인적인 것과 시민적인 것 the citizen이 진화해야 한다고 주장한다.

> 독립은 확실히 피식민지인들에게 도덕적 회복을 가져다주고 그들의 존엄성을 일깨워 주었다. 그러나 그들은 아직 사회를 정교하게 만들거나 가치들을 형성하고 확정할 시간을 갖지 못했다.(Les Damnés : 40)

파농은 탈식민화 뒤에 출현할 사회적으로 참여하는 개인적 시민을 제안한다. 피식민지인이 자아의식에 도달하는 것은 반식민 투쟁의 과정 속에 있다. 그러나 반식민 투쟁이 끝나고 탈식민화 과정이 진행 중이라면, 그때 새롭게 발견된 자아의식은 자아를 **넘어서는** 것과 관련되어야만 한다.

파농은 새로운 국가들의 지도자들에게 경제적, 사회적 건설에 집중하라고 촉구한다. 그는 이전 투쟁으로부터의 변화를 요청한다. 이전 투쟁에서는 원주민들이 식민 지배자와 싸웠다면, 새로운 국가의 지도자들은 "가난과 문맹과 저개발"과 싸워야만 한다.(Les Damnés : 51) 파농은 포스트식민 맥락에서 지도자들이 "중립 정책"(40)을 채택해야 한다고 권고한다. 이런 과정에서 맞닥뜨릴 어려움은, 외국 국가들(물론 자신들의 자본주의적 이익에 적합한 경제 및 무역정책을 시행하려는 국가들)의 경제적 원조를 모색하는 동시에 새로운 민족-국가의 정치적·문화적 독립과 그 원조들 사이에서 균형을 유지하는 것이다. 파농은 유럽 자체가

"흑인, 아랍인, 인도인, 아시아인의 땀과 주검"(53)으로 건설되었기 때문에, 외국 국가(특히 사회주의국가)에 대한 의존이 문제가 된다고 지적한다. 파농이 보기에, 집단적 윤리는 본래 경제적이다. 집단적 윤리란 자원, 부와 노동의 공정한 분배이다. 자원 분배의 근본적인 비대칭으로 특징지어지는 식민주의의 특성을 지적하며, 파농은 다음과 같이 말한다. "지금 중요한 것은 …… 부를 재분배할 필요성이다."(55)

파농이 사회주의를 강조한 것은, 그가 서구의 개인주의적 윤리가 아닌 새로운 국가의 집단적 윤리를 선호한다는 것을 의미한다.(Jean-Marie 2007 : 14) 사회주의로 한정된socialism-determined 새로운 휴머니즘은 추상적 혹은 형이상학적인 초월이 아닌 **행위와 체험된 경험**을 지향하는 휴머니즘이다.(파농의 초기 논평자 중 한 명인 터커는 1978년 이러한 행위에 대한 강조가 파농이 생각하는 윤리라고 언급했다.)

리처드 피트하우스Richard Pithouse(2003)는, 파농은 사람들의 체험된 실재들과 무관한 추상적인 이론화를 거부했다고 지적했다. 파농은 철학과 이론의 목적이 "인간이 행위적인 존재가 되도록 교육하는"(Peau noire : 173) 것이 되어야 한다고 말한다. 파농의 말대로 노동을 하는 원주민, 실업 상태로 굶주린 원주민은 "그들이 바로 자기 존재 자체의 진실이기 때문에 그들이 진실을 대변한다고 말하지 않는다".(Les Damnés : 13) 또한, 파농은 문화적 격세유전隔世遺傳과 (앞서 네그리튀드 비판에서 보았던 것처럼) '영광스러운' 신화적 과거로의 복고적인 회귀를 거부한다. "아즈텍 문명이 실제로 존재했다는 사실이 현재 멕시코 농부가 매일 먹는 음식물을 변화시키지 않는다."(148)라는 말이 보여 주듯, 파농은 지금의 현실을 무시하는 문화유산 숭배를 거부한다. 파농이 추구한 것은 집단적 발전으로 나아가는 실천이다. 그는 새롭게 독립한 국가들의 문제를 해결하지 않는 신화를 생산하는 지적 작업을 거부한다.

휴머니즘은 역사에 대한 초월적 진리가 아닌 그야말로 현재 사람들의 고통을 개선하려는 이 같은 실천에서 나온다. 이 휴머니즘은 이상주의적이라기보다 실용적인 집단적 윤리다. 그것은 지역적이고 특수한 현재의 역사에 뿌리를 둔다. '행위적인' 것에 대한 파농의 강조와 공허한 지적 작업에 대한 거부는 (초월적 인간 역사에 대한) 유럽 모델뿐만 아니라 과거 역사에 대한 찬양에서도 벗어난다.

| 민족의식을 넘어 보편주의로 |

파농은 몇 가지 흥미로운 선언으로 《검은 피부, 하얀 가면》을 시작한다.

"인간, 나는 당신을 믿는다."(1) "나는 개인이 인간 조건에 내재하는 보편성을 취할 것이라고 믿는다."(3)

알제리와 아프리카에 깊이 뿌리를 두고 있는 파농이 보편적인 것을 말할 필요성을 강조하는 것은 중요하다. 한 비평가의 말에 따르면, 파농은 이전 피식민지인이 "구체적인 사람과 추상적인 집단" 모두를 인정하기를 요청하고 있다.(Bamyeh 2010 : 53)

이 보편주의는 파농 사상의 특별한 휴머니즘 요소에서 비롯된다. 이제부터 새로운 휴머니즘을 지향하는 파농의 사상 속에 함축되어 있는 의미들을 도출해 보자.

파농의 휴머니즘은 다음과 같이 요약될 수 있다.

- 파농은 식민주의와 같은 과정을 흑인과 백인 모두를 비인간화하는 것으로 간주하고, 이에 따라 흑인과 백인 모두를 식민주의라는 조건의 희생자로 간주한다.
- 파농은 압제적인 식민 지배자와 흑인 희생자의 내면에 인간이 있다고 제시한다.
- 파농은 우리가 인종이나 종족, 민족 정체성이 아닌 행위들로 인간을 평가해야 한다고 주장한다.
- 이전 피식민지인은 식민 조건에서 민족 정체성을 초월할 수 있는 자기인식적이고, 새로운 인간으로 출현한다.
- 이러한 새로운 인간, 즉 이전 피식민지인은 다른 고통받는 사람들과 연대를 형성하며 세계의 고통에 대응한다.

다시 말해서, 파농은 **이전 피식민지인, 즉 '제3세계'에 더 포괄적인 휴머니즘이라는 과제와 프로젝트를 위임한다.** 이는 유럽 휴머니즘에서 벗어나는 중요한 전환이다.

파농이 말하는 휴머니즘은 인종, 피부색, 지리와 상관없는

전 세계에 존재하는 고통과의 연대이다. 파농은 다음과 같이 기술한다.

> 새로운 관계는 하나의 야만주의가 또 다른 야만주의를 대체하는 결과가 아니며, 하나의 인간 탄압이 또 다른 인간 탄압을 대체하는 결과가 아니다. 우리 알제리인이 원하는 것은 식민 지배자 이면에 있는 인간을 발견하는 것이다. 즉, 인간을 질식시키고 침묵시켜 온 체제의 창시자이자 희생자인 인간을 발견하는 것이다.(Algérienne : 32)

이것은 놀라운 발언이다. 파농은 식민 지배자 백인과 피식민지인 흑인 모두를 잔인한 과정의 희생자로 보고 양쪽에 같은 태도를 취한다. 파농의 저서는 한 마디로, **세계의 억압받는 사람들**에 대한 기술이다. 식민주의의 희생자에 백인을 포함시키면서, 그는 인종적 이항 대립을 넘어서고자 했다. 고통과 억압은 그의 휴머니즘 사상을 통합시키는 요소이다. 그가 민족주의를 넘어서는 의식을 요구할 수 있는 것은 이 요소들 때문이다. 다른 글 〈아프리카 청년들에게 보낸 편지〉에서 파농은 이렇게 말한다.

> 만약 타당하다고 간주될 수 있는 휴머니즘이 인류 전체의 차원에서 만들어진다면, 억압받은 민족들이 예전 통치자인 민족들과 협력하는 것은 필수적이다.(Africaine : 114)

파농은 인종들 간의 협력을 이야기한다. "만약 검은색이 고결하다면, 나는 더 검은 흑인이 되어 더욱더 고결한 존재가 될 것이다."(Africaine : 23) 이렇게 매정하도록 아이로니컬한 말로 파농은 진정성의 신화를 거듭 거부한다. 이른바 "위대한 흑인의 신기루"(27)이다. 로스 포스낙Ross Posnock은 이 같은 인종적 이항 대립과 본질주의에 대한 거부야말로 그로 하여금 정체성을 넘어 **행위**로 나아가게 하는 힘이라고 주장한다.(Posnock 1997 : 339) 그리고 그의 말대로, 이 '행위'는 지적인 작업이다. 탈식민화 국면에서 지적 작업은 파농에게 본질적으로 전통적인 민족해방 정치를 넘어서서 국제주의와 보편주의로 나아가는 전환이 된다.(깁슨은 이를 파농 민족주의의 세 번째 유형으로 보았다. Gibson 2003. 8장을 볼 것) 이 국제주의는 민족 정체성에 대한 맹목적 집착이 아닌 인간 행위에 토대를 둔다. 그러므로 파농은 민족적인 것을 넘어서는 의식을 요청한다.

파농은 민족주의와 민족문화의 한계에 대한 이 같은 자기인식이 더 큰 소통communication을 '보장한다'고 말한다. 이 대목은 중요하다. "민족주의가 아닌 민족의식은 유일하게 우리에게 국제적 차원을 부여할 수 있다."(Les Damnés : 179) 그러므로 파농은 민족주의의 반대로서 "보편적인 가치들"(180)을 이야기한다. 파농이 제안하는 것은 혁명운동이 처음에는 민족적이고 민족주의적이어야 하지만, 이 운동이 낳은 의식은 운동이 민족적인 것을 **넘어서서** 보편적인 것으로 나아가게 해야 한다는 것이다. 왜냐하면 이 개인은 자기인식적인 존재가 되어야 하고,

이 자기인식은 그 자신의 해방 경로이기 때문이다.(그러나 불행히도 이전 피식민지인인 아프리카인들의 이 같은 자기인식은 일어나지 않았고, 이는 아시아인들도 마찬가지였다. 다음을 볼 것. Lazarus 1994 : 200) 개인이 1) 혁명 투쟁과 2) 민족문화와 민족의식을 통해 완전하게 해방된다면, **그 개인은 식민주의와 민족주의에서 벗어날 준비가 된 것이다.** 이 새로운 인간은 사회적이고 보편적인 것을 모색하고 타자를 인정한다. 한 논평자가 얘기했듯, 이러한 포스트식민적인 것은 파농에게 더 큰 "지적 감수성"을 갖게 된다는 뜻이다.(Bamyeh 2010 ; 60) 새로운 휴머니즘적 포스트식민 선언이라고 할 수 있는 부분에서, 파농은 다음과 같이 말한다.

> 개인 경험이 민족적이기 때문에, 그리고 개인 경험이 민족적인 고리와 연결되어 있기 때문에, 개인은 이러한 범위에서 개인적이지 않고 편협하지도 제한적이지도 않다. 그래서 개인은 국가와 세계의 진실에 다다를 수 있다.(Les Damnés : 140-41)

개인이 자신의 국가에서 벗어나고자 할 때, 그는 "지금 현재 자신의 총체성tatality에서 인간의 승리를 도모해야 한다".(Les Damnés : 141) 파농이 생각하는 위대한 혁명 투쟁은 새로운 인간에게 시작된 의식에 이르는 것이다. 즉, "새로운 휴머니즘은 투쟁의 목적과 방법들 속에 작성되어 있다."(178) 사회적·정치적 해방과 더불어 식민 지배자와 피식민지인 모두 자아 해방에 이르며, 이것이 새로운 인간을 위한 출발점이 된다. 그러므로 총체성 속에서 자유로워지려는 이전 피식민지인은 "자신의 모든 자원, 자신의 모든 습득물, 낡은 것과 새로운 것, 자기 자신과 점령자들의 것 모두를 활용한다".(Africaine : 43) 그는 자신과 백인의 정체성을 초월하기 위해서 타자를 인정하고, 전유하고 내면화한다. 그래서 반식민 투쟁과 그 정치적 경험은 새로운 의식의 발흥을 가능하게 하고 새로운 휴머니즘의 근원이 된다.

그러므로, 자기결정적이고 자기인식적인 해방된 포스트식민적 개인은 파농이 주장하는 새로운 휴머니즘의 핵심이다. 이러한 개인은 새로운 휴머니즘에 이르는 상호 인정에 개입할 수 있다. 이러한 상호 인정은 공유된 고통의 인정을 통해 성취된다. 더 나아가, 이 개인은 반휴머니즘적 외국인혐오의 가능성을 성찰할 수 있다. 파농의 휴머니즘은 그가 **식민주의의 인종적 이항 대립뿐만 아니라 포스트식민 국가들의 외국인혐오적 문화민족주의를** 해체하라고 요구하는 것으로 시작된다.

이 해체는 **세계의** 고통과 연결되면서, 다른 한편 식민주의의 인종적 이항 대립과 문화민족주의의 외국인혐오를 넘어서서 나아갈 때에만 가능하다. 이것이 파농의 보편적 휴머니즘에 내재하는 또 하나의 요소이다. 인종 정체성, 종족 정체성, 민족 정체성이 무엇이든지 간에, 공유된 고통의 역사를 토대로 연대를 구축하는 것이 파농이 추구하는 새로운 휴머니즘인 것이다.

튀니지 태생 프랑스 작가 알베르 멤미Albert Memmi는 파농이 "점차 자신의 정체성을 알제리와 동일시하고, 그리고 나서 제3세계와 동일시한 후 종국에 모든 인간성과 동일시했다"(1973 : 33)

는 점에 처음으로 주목한 사람이다. 멤미는 개인에서 출발하여 공동체로, 종족 집단으로, 민족으로, 그리고 인종으로 나아가고, 최종적으로 세계로 나아가는 파농 휴머니즘의 **원심형** centrifugal 모델을 최초로 지목한 사람이다.

파농의 휴머니즘은 이후에 나올 포스트식민 이론서, 특히 인도 출신 사상가 릴라 간디Leela Gandhi(2006)와 아쉬스 난디 Ashis Nandy(1987, 1998)의 저서를 예고했다. 간디는 공통된 관심사, 즉 채식주의에서 영성에 이르는 관심사가 백인과 인도인 모두를 결합시킬 것으로 보고 식민주의 시기에 형성된 감정적 affective 공동체에 주목한다. 난디는 파농보다 더 나아간다. 난디는 두 개의 중요한 글, ⟨제3세계 유토피아를 위해Towards a Third World Utopia⟩(1987)와 ⟨새로운 세계시민주의 : 아시아 문명의 대화를 위해A New Cosmopolitanism : Toward a Dialogue of Asian Civilizations⟩(1998)에서 고통을 공유하는 문화에 토대를 둔 민족들의 새로운 연대를 요청한다.

제3세계가 그 지지자들의 주장을 넘어설 수 있는 유일한 방법은 첫째, 세계 모든 곳에서, 과거 모든 시기에 인간이 만든 고통의 희생자들을 집단적으로 재현하는 것이고, 둘째, 억압적인 외부 세력을 내면화하거나 인정하는 것으로, 그러고 나서 제도화된 고통과의 싸움에서 문명화된 동맹 집단으로서 제1세계와 제2세계의 억압받거나 주변화된 노예들을 인정하면서 그들을 내부 동인과 제3의 동인으로서 취급하는 것이다.(2004 [1897] : 441)

이것이 난디의 추론이다. "만약 제3세계의 미래에 대한 전망이 인간이 만든 고통의 경험으로 곤란해진다면, 제1세계의 미래 또한 동일하게 기록되며 형성될 것이다."(467) 시디 오마르는 파농이 "제3세계가 주도적 역할을 하는 인류의 새로운 역사를 열려고"(2009 : 272) 했다고 지적한다. 이는 난디를 연상시키는 주장이다. 나는 다른 글에서 트라우마와 고통을 공유하는 역사가 "감정적인 세계시민주의"(Nayar 2008b)를 제공할 수 있다고 주장했다. 나의 주장대로, 난디의 경우에, 이러한 고통을 공유하는 감각은 미래의 인간성을 사유하는 다른 방법이 될 수 있을 것이다. 난디는 다음과 같이 말한다.

궁극적으로 다른 문명이 가진 미래의 전망들을 통합하거나 종합하는 것은 중요하지 않다. 오히려 각자의 문명이 그 자체의 진정한 미래의 전망을 발견하는 것, 그리고 미래에서 그 자체의 진정성을 발견하는 것을 인정하는 것이 중요하다. 이는 세계의 몇몇 주요 문명들이 서로 다가가지 못하도록 한 공동–고통의 경험을 인정하지 않고서는 상상할 수도 없는 것이다.(Nandy 1987 : 468)

난디와 파농은 새로운 휴머니즘의 핵심이 되는 것으로서 고통에 대한 대응에 주목한다. 이와 관련하여 파농의 요청에는 두 가지 중요한 지점이 있다.

1. 인종 정체성의 이중성과 식민주의를 넘어서라고 요청하면서, 파

농은 인종 정체성 자체에서 빠져나온다.

2. 식민 지배자가 '자신을 질식시키고 침묵하게 하는 체제의 창조
자이자 희생자'라고 주장하면서, 파농은 가해자와 희생자(피식민
지인)를 고통의 연속체에 나란히 정렬시킨다. 탈식민화는 이러한
희생자의식victimhood으로부터 식민 지배자와 피식민지인 모두의
자유를 이끌어 낸다. 새로운 휴머니즘은 바로 상호 고통에 대한
인정에서 출현한다.

이를 위해 파농은 심지어 민족주의도 보편주의로 전환되어
야 한다고 주장한다. "만약 민족주의가 설명되지 않고, 풍부해
지지 않고, 심화되지 않는다면, 궁극적으로 재빨리 사회적·정
치적 의식으로 변하지 않는다면, 그것은 막다른 골목에 다다
를 것이다."(Les Damnés : 144) 세계의 저주받은 사람들과 고통을 함
께하는 것, 바로 이것이 파농이 세자르를 인용할 때 분명히 보
여 준 휴머니즘이다. "이 세상에 단 한 명 홀로 불쌍하게 폭력
을 당하는 사람, 불쌍하게 고문을 당하는 사람은 없어요. 그들
속에서 나 또한 살해당하고 굴욕당하고 있어요."(45) 그래서 파
농은 이전 피식민지 국가들이 만든 새로운 휴머니즘에 이를 수
있는 식민주의의 공유된 역사를 기술한다.

기니와 세네갈의 민족문화 사이에는 공통적인 운명이 없다. 그러나
프랑스 식민주의가 똑같이 지배한 기니와 세네갈 사이에는 공통적
인 운명이 있다.(Les Damnés : 168-9)

새로운 인간은 "상호 인정들"이 있는 세계에서 제 "시민권"(Azar 1999:31)을 요구한다. 새로운 인간은 "초국가적인 휴머니즘 transnational humanism"(Alessandrini 1998)의 토대이다. 알레산드리니 Alessandrini, 아자르Azar, 아흘루왈리아(2003)와 같은 현대 비평가들이 파농에게서 파악한 것은, 인간성을 부정하는 인종 착취의 특별한 사례인 알제리에서 벗어나 전 세계로, 억압을 넘어서는 초국가적인 역사로 나아가야 할 필요성(과 가능성)이다. 비록 파농의 주장은 알제리혁명에서 시작되었지만, 우리는 파농의 주장대로 전 세계 그리고 억압을 경험하는 모든 장소와 민족을 포함하여 알제리를 넘어 나아가는 휴머니즘을 요청하는 수많은 예들을 알고 있다.

예를 들어 파농이 쓴 세 저서의 마지막 문장을 보자. "새로운 인간성을 창조하고 형성하는 이러한 산소, 그것이 또한 알제리혁명이다."(Algérienne : 160) 그리고 《아프리카 혁명을 위하여》에서 "알제리 영토의 해방은 인종주의의 패배이자, **인간** 착취의 패배이다. 그 해방은 정의가 무조건적인 지배를 시작하고 있음을 알려 준다".(64, 강조 필자) 그리고 《대지의 저주받은 사람들》의 마지막 문장은 다음과 같다. "유럽을 위하여, 우리 자신을 위하여, 인간성과 우리 동포를 위하여, 우리는 새롭게 출발해야만 하고 새로운 사유 방식을 발전시켜야 하고 새로운 인간을 창조하기 위해 노력해야 한다."(239)

파농은 분명히 아프리카인들을 "저개발 민족들"(143)과 연대하며 행위하는 존재로 바라본다. 어떤 경우에도 파농은 식민화된 세계 자체를 논의에 포괄시키고자 마르티니크, 알제리, 아프리카를 넘어서서 나아간다. 데이비드 메이시가 파농을 알제리 혁명에 참여한 마르티니크 출신 이론가로 이해한 것은 정확하다.(2000 : 26-30) 이처럼 파농은 앞서 열거한 인용대로 알제리에 깊게 뿌리를 두지만 알제리를 넘어 세계를 바라보는 파농과, 당면한 알제리 반식민 투쟁에 뿌리를 둔 휴머니스트이지만 나머지 피식민지인들과의 연대를 표명하는 파농이 있다.

파농의 휴머니즘은 실제적인 것이기보다 **잠재적인 것**으로 접근해야 한다. 그의 저서들은 기도, 약속, 소망으로 종결된다. 즉, 이 모든 것은 미래에 대한 것이다. '다가올' 인간성에 대한 그의 언급은 새로운 인간성을 말하는 **'잠재적인'** 것의 지표들이다. 파농은 끊임없이 일, 행위, 전망을 강조한다. 이 모든 것이 미래지향적인 것임은 틀림없다.(이는 다음의 저서에서도 볼 수 있다. Paul Gilroy 2000)

새로운 휴머니즘에 대한 주장은 다음과 같은 파농의 말에 가장 잘 요약되어 있다.

인간이 정신의 존엄성의 승리에 기여할 때마다, 인간이 자신의 동포를 지배하려는 시도에 아니요라고 말할 때마다, 나는 그 행위에 연대감을 느낀다.(Peau noire : 176)

'인정'에서 연대로, 집단적 윤리

파농의 휴머니즘은 매우 특별한 일련의 주장들로 출현한다. 폭력에 대한 글에서, 파농은 식민주의가 피식민지인의 인정을 거부하며, 이에 따라 피식민지인의 정체성이 거부된다고 분석한다. 모든 정체성이 기초로 하는 것이 바로 인정의 원칙이다. 원주민이 반식민 투쟁을 통해 자신의 자아를 발견한다면, 그는 더욱더 자기인식적인 존재가 될 것이다. 그러나 더 적절하고 완전한 탈식민화는 피식민지인이 식민 기제가 설정한 인종적 이항 대립에서 벗어날 때 비로소 가능해진다.

탈식민화된 사고방식의 결과로서 나온 윤리적 인정은 차이를 설명하고 존중하며, 그래서 개별 타자, 문화와 인종을 인정한다. 윤리적 인정은 윤리적 행위와 타자의 체험된 경험에 대한 책임을 낳으며, 형이상학 혹은 초월적 진리에는 관심을 두지 않는다. 그것은 인종적·지리적·민족적 경계 혹은 정체성들을 넘어서서 타자의 고통에 대응할 수 있게 하는 집단적 윤리다. 인종 정체성 혹은 민족 정체성에 상관없이 고통받는 타자에 대응하는 이러한 능력이 포괄적인 새로운 휴머니즘의 토대이다. 새로운 휴머니즘은 세계의 억압받는 사람들과의 연대이다.

마지막으로 파농은 이러한 윤리적 대응은 민족적 인종 경계들을 넘어서서 나아갈 수 있는 이전 피식민지인에게서만 출현할 수 있다고 제안한다. 이 장은 파농의 휴머니즘, 그리고 파농처럼 고통의 보편성을 말하는 포스트식민 이론가들 간의 중요한 공통부분을 보여 주었다. 이들 모두 제3세계를 고통에 대항하는 싸움의 최전선으로 언급한다는 점이 중요하다. 바로 이것이 《검은 피부, 하얀 가면》에서 억압과 맞서 싸우는 모든 사람들과의 연대를 표명함으로써 파농이 강조한 요체이다.

파농 이후

Frantz
Fanon

파농 이후의 수많은 파농들

파농이 끼친 영향과 유산은 다양한 분야에서 볼 수 있다. '파농을 기억하며'와 '파농을 다시 생각하며'와 같은 제목을 단 글들과 책들은 그가 20세기 사상에 끼친 계속적인 영향을 보여준다. 파농의 모든 저작에서 다음의 사고들은 포스트식민 이론, 문학 연구와 문화 연구, 철학과 정치 이론에서 때론 그다지 관계없는 형태로 혹은 파편화된 형태들로 유통되고 있다.

- 종속된 지식을 회복시키는 투쟁
- 계몽주의의 세속적 휴머니즘을 존속시키면서 식민 유산에서 자유로운 더 포괄적인 휴머니즘의 구축
- 자아 성찰적인 포스트식민성의 필요성

- 반식민 투쟁을 추진했던 해방 이데올로기를 포스트식민 국가에서 유지할 필요성
- 식민 과정의 이분법과 본질주의에 대한 부정
- 현재와 미래를 무시하면서 과거를 이상화하려는 것에 대한 거부

하나의 파농은 있을 수 없다. 파농은 여러 철학적·이론적 신념을 가진 사상가들에 의해 전유되어 왔다. 특히 호미 바바는 포스트구조주의적인 파농을 보게 했다. 바바는 파농 저서의 새로운 출판본에 포함된 서문에서, 파농 사상의 혼종성·양가성·파열을 강조했다. 바바는 식민 담론 내의 균열을 보여 주고자 노력하면서, 파농을 이러한 균열을 인식했던 사람으로 위치시킨다.

세키 오투는 파농을 정치적 경험을 가진 철학자라고 주장한다. 뛰어난 파농 연구자인 알레산드리니는 많은 연구자들이 주장한 파농의 "다양한 주제, 목소리, 방법론들"(2005 : 434)에 대해 기술하며, 파농이 남긴 유산을 주장하는 다양한 방식을 파악한다. 인류학에서 우도 크라우트부르스트(2003)와 같은 학자들은 정착민 식민주의settler colonialism와 같은 식민 조건을 읽어 내는 데 파농의 연구 체계를 사용한다.

현대 아프리카와 카리브 문학 및 철학에 끼친 파농의 영향도 지속적인 관심을 받고 있다. 이 영향은 특히 마르티니크 작가 에두아르 글리상Edouard Glissant에게서 가장 두드러진다.(다음을 볼 것. Mardorossian 2009) 후세인 아담Hussein Adam(1993)은 파농을

민주적인 이론가로 보아야 한다고 설득력 있게 주장한다. 파농은 자기결정을 강력하게 주장하지만, 개인의 행위성과 자유를 보장하지 않는 집단적 자기결정을 수용하지 않는 인물이라는 것이다. 파농의 전유는 영국과 미국의 문학 및 문화 연구에서 흥미로운 궤적을 보인다.(특히 게이츠와 깁슨과 같은 비평가들) 이러한 전유에 앞서, 1960년대 아프리카와 1960~70년대 미국의 흑표범단운동Black Panther movement에서 파농을 전유하기도 했다. 남아프리카의 열렬한 파농주의자 스티브 비코Steve Bico는, 1970년대 일어난 흑인의식운동에서 파농의 유용성을 인식했다.

그러다가 1980년대 후반에서 1990년대 초반, 하나의 학문 분야로 문화 연구가 시작되고 이와 동시에 포스트식민 연구가 시작되면서 흥미로운 제휴가 이루어졌다. 파농에 대한 바바의 연구는 스튜어트 홀Stuart Hall(1996)과 영국 문화 연구 학자들에게 열광적으로 수용되었다. 영국의 흑인 예술가들 또한 파농의 개념을 작업에 사용했다.(이는 《흑인성이라는 사실들 : 프란츠 파농과 시각적 재현Facts of Blackness : Frantz Fanon and Visual Representation》(1996)과 같은 비평 연구서에서 구체화되었다.) 그리고 우리가 이제 보게 될 수많은 소설가와 작가들도 파농적인 경향을 드러낸다.

이 장 '파농 이후'에서는 주로 포스트식민 연구에서 파농의 저작에 대한 흥미로운 전유와 다시 읽기를 선택적으로 검토할 것이다.

| 파농, 저항과 흑인의식 |

네그리튀드와 흑인의식 개념에 대한 파농의 신중한 옹호는 1970년대 남아프리카의 반反아파르트헤이트 운동에 영향을 주었다. 이후 포스트식민 학자들은 파농이 이러한 운동의 일부로서 발전한 일종의 문화정치학에 영향을 주었을 것이라고 말한다.(Ahluwalia and Zegeye 2001) 이와 같은 연구는 여러 저항운동에서 그 영향을 찾아내는 식으로 파농이 어떻게 전유되고 확장되었는지를 보여 준다.

남아프리카 반아파르헤이트 운동의 주요 지도자 중 한 명인 스티브 비코는, 자신들을 탈식민화시키는 방법으로 '흑인의식'을 옹호하고 흑인의 가치와 생활 방식에 자부심을 갖도록 하는 운동을 일으켰다. 이 운동은 분명 유럽의 근대성 모델의 재고를 겨냥하고 있었다. 아흘루왈리아와 제제예Zegeye 역시 유럽 근대성에 대한 비코와 도시 흑인의 비판이 파농적이라고 주장한다. 비코 등은 흑인종과 흑인문화의 추정된 열등의식을 묘사했던, 그리고 학교에서 흑인들에게 열등의식을 주입했던 식민 민족지ethnography, 사회학, 인류학의 문화정치학을 문제시하기 때문이다.(Ahluwalia and Zegeye 2001 : 464-5) 이러한 이해에서 비코가 저항의 방식으로서 흑인문화로 복귀하자고 주장한 것은 문화 과정으로서 파농의 탈식민화 주장들을 반복하고 있는 것이다.

파농은 식민 권력에 총체성을 부여하는 것을 거부하기 때문에 반식민 저항의 이론가로서 전유되어 왔다. 호미 바바와 베니타 패리 같은 비평가들은 파농을 확장시키는 기획에서, 파농을 양가성과 균열을 구체화한 이론가로 다룬다.(Bhabha 2008 ; Parry 1987. 이러한 해석은 다음과 같은 비평가의 비판을 불러일으켰다. JanMohamed 1985 ; Gates 1991)

| 파농, 민족주의, 국제주의 |

파농은 국제주의로 나아가지 않는 민족주의는 인정할 수 없다고 강조했다. 그는 민족주의를 새로운 의식, 주체성과 휴머니즘을 구축하는 출발점으로 간주했다. 여기서 말하는 휴머니즘은 유럽 계몽주의가 보인 식민주의에 물들어 있는 휴머니즘을 폐기하고, 그것을 더 포괄적인 휴머니즘으로 대체하고자 한 것을 가리킨다. 식민주의와 반식민 사상 혹은 민족주의 사상에 대한 파농의 비판은 1990년대 후반 포스트식민 사상에서 계속 울려 퍼지고 있다. 파농이 민족주의에 내재된 위험을 강조한 것은 다음과 같은 포스트식민 비판의 특별한 방식들에서 명백하게 볼 수 있다고 생각한다.

1. 제국의 공모와 민족주의의 대립이라는 전통적 이분법을 거부하는 포스트식민 비판
2. 혼종성과 양가성을 강조하는 포스트식민 비판
3. 일종의 **국제주의** 형태로 원주민(비유럽적)의 반식민 사상과 제휴

하는 '내부'(즉, 유럽의) 반식민주의 형태들을 파악하는 포스트식
민 비판

  파농이 민족주의에 보낸 의심에서 (새로운) 국제주의와 세계
주의globalism에 대한 포스트식민적 다시쓰기로 전환하는 것이
다소 비약적으로 보일 수도 있지만, 나는 파농의 휴머니즘에 이
러한 전망이 포함돼 있다고 생각한다. 예를 들어, 파농의 마르
크스주의 전망을 살펴보자. 파농은 "마르크스주의 분석은 식
민 문제들을 다룰 때 항상 약간 확장시켜야 한다"(Les Damnés : 5)
고 말했다. 이 '확장'은 더 큰 포괄성inclusivity을 의미하는 것으로
해석될 수 있다. 파농은 이 포괄성에서 식민주의의 유산을 설
명하고 여성, 흑인, 다른 인종 혹은 집단을 배제하지 않는 국제
주의적인 사회주의를 제안하고 있다.

  이러한 포괄성은 파농이 그것을 백인 대 흑인, 권력을 가진
사람들 대 권력을 박탈당한 사람들이라는 오래된 이분법 안에
서 검토하지 않기 때문에, 식민 조건과 포스트식민 조건 모두
에 대한 더 섬세한 분석이 된다. 그는 이론적 체계가 새로운 규
범, 신조, 혹은 유행 방식이 되지 않도록 이론적 체계와 해석
틀scaffolding(파농이 말한 '확장stretch')을 체계화하는 것을 거부했
다. 최근 포스트식민 연구에서 파농의 유산이 흥미로운 방식들
로, 가령 이 '확장' 방식으로 혹은 본질적인 이분법을 넘어서는
운동, 더 포괄적인 휴머니즘에 대한 탐색이라는 방식으로 나타
나고 있다.(심지어 식민 조건 내에서도)

릴라 간디의 독창적인 책 《감정적 공동체들Affective Commu-nities》(2006)은 '파농적인' 책이 아니다.(파농은 이 책에서 언급되지 않는다.) 그러나 간디가 특수한 형태의 영국 반제국주의자들과 감성적으로 공명하는 인도 민족주의 형태에 집중한 것은, 19세기 후반과 20세기 초 국제주의적이었던 휴머니즘의 변종이 여전히 존재함을 말해 준다. 이처럼 인종 간의 우정으로 정치적 저항 형태를 구성하는, 채식주의 혹은 신비주의에 대한 믿음으로 결속하는 인도인과 유럽인 그리고 여성들 간의 동맹 관계는, 파농이 《대지의 저주받은 사람들》 결말에서 보여 준 새로운 휴머니즘을 주장한다. "새로운 출발, 새로운 사고방식, 새로운 인간을 창조하려는 노력."(239) 간디는 다음과 같은 '열망적 에너지 aspirational energy'에 주목한다.

식민 행위자들 …… 그들은 내심 최종적인 혼종화를 기다리지 않고서, 그 공격적인 마니교적 이원론manicheanism을 적극적으로 포기하고, 거절하고, 범주적으로 거부하면서, 제국 문화 내에서 초조하게 그들의 정치적 사명을 수행했을 것이다.(Gandhi 2006 : 5)

간디가 보여 주듯이, 19세기 수많은 유럽 신비주의자들은 인도인들과 지적 교류를 했고 그래서 혼종화된 국제주의적인 '공동체'를 구성했다. 이 공동체들의 주안점 혹은 관심사를 엄격히 분류했을 때 '정치적인' 것이 됨에도 불구하고, 간디는 이를 정치적 동맹으로 제시한다. 여기서 '식민적인' 것뿐만 아니라 '정치적인' 것에 대한 전통적 이론 체계를 거부하는 좀 더 포괄적인 휴머니즘과 공동체 결합을 위해 (유럽 계몽주의의) 휴머니즘과 하나의 주체성 형태를 만드는 민족문화 및 문화민족주의는 폐기된다.

19세기 식민지 인도와 영국 제국의 신비주의자들에 대한 간디의 이해에서, 우리는 신비주의자 동맹이 어떻게 식민 구조에 들어맞지 않는지, 그리고 그 동맹이 어떻게 새로운 국제주의적 휴머니즘으로 파악될 수 있는지를 볼 수 있다. 우리는 간디의 분석에서 민족문화 관습들에 제약되지 **않고서** 그 관습들을 이용하는 파농적 국제주의의 궤적을 볼 수 있다.

| 파농, 문화 정체성, 탈식민화 |

우리는 이미 이전 장들에서 피식민지인이 식민 지배자를 흉내내는 것을 파농이 어떻게 비판했는지를 살펴보았다. 파농이 주장하듯, 정신의 탈식민화는 피식민지인이 식민 지배자들로부터 진정으로 그리고 완전하게 자유로워지는 데에 필수적이다. 정신의 탈식민화는 식민 지배자들의 관습이 폐기될 수 있도록 자신의 문화 관습들로 되돌아가는 것을 필요로 한다.

카리브 해 시인 데릭 월콧은 "나에게 지금 국가는 없지만, 상상력은 있다"("The Schooner Flight")고 쓰고 있다. 아마도 이것은 파농적인 입장일 것이다. 우리는 수많은 포스트식민 작가들에게서 상상력, 지성주의, 탈식민화에 대한 이 같은 파농적인 강조를 볼 수 있다.(이네스C. L. Innes는 케냐의 응구기, 월콧, 나이지리아의 아체베와 카리브의 조지 래밍에 끼친 파농의 영향을 언급한다. 2007 : 12-13) 미셸 클리프Michelle Cliff는 자신의 자메이카 뿌리를 발견하고, '영국식 표준영어'를 추방한다. 글로리아 안젤두아Gloria Anzaldúa는 스페인어, 영어 나와틀어Nahuatl(멕시코 남부와 중미 일부 지역 원주민인 나와틀인의 언어)를 혼용하면서 영어를 추방한다. 아체베, 루시디, 킨케이드의 언어적 곡예, 원주민의 스토리텔링 방식을 사용하며 서구적 방식의 스토리텔링을 전복시키는 스토리텔링 형식 실험은 단지 식민 유산에 저항하는 언어적 저항 행위만이 아닐 것이다. 루시디의 《한밤의 아이들》은 대표적인 스토리텔링 형식 실험으로 꼽힌다. 이 소설에서 루시디는 서구 소설의 선형적 서사와 힌두의 카하니kahani, 키싸kissa와 다스타안dastaan과 같은 아랍-이슬람 서사 형식, 그리고 《아라비안나이트》 이야기에 나오는 서사 형식들을 사용한다. 이는 상상력과 발화 행위를 통한 '정신의 탈식민화' 방식이다.

> 상상적 구성물은 **발화**들과 관련된다. 그리고 발화의 장소들은 언어 없이 생각될 수 없다. …… 발화의 장소들이 영토적이라는 점에서, 발화 가능성과 수행들 양쪽 조건에서, 파농, 클리프와 안젤두아는 …… 서구 전통과 식민 확장의 한계들 내에 재배치된 …… 이해 주체의 위치 변경을 강구한다.(Mignolo 2005 : 193, 원본 강조)

이 글에서 미뇰로는 상상력의 행위들이 발화 행위들과 분리될 수 없으며, 발화 자체가 사회적인 것이 되는 **다르게 상상하기의 정치학**politics of imagining differently을 강조한다. 만약 이것이 사실이라면, (사회적·집단적) 상상력을 활성화시키는 사회적 도구로서 문학과 상상적 작품들이 갖는 중요성을 주장해야 할 것이다. 이 또한 파농의 유산이다. 파농은 민족문화를 민중의 "집단적 사상의 과정"(Les Damnés : 168)으로 정의했다. 이 정의에서 변형적인 '집단적 사상의 과정'은 **문화적 표현들**, 즉 시와 창작물을 통한 대중의 교육을 암시한다. 파농 자신도 세자르의 시와 함께 시작했다. '집단적 사상의 과정'의 일부로서 대안 세계를 상상하는 것에서부터 그 세계를 말하는 것까지, 이 모든 것이 포스트식민적 도전이다.

아체베, 당가렘브가, 재키 허긴스Jackie Huggins 같은 소설가들은 소설에서 원주민 역사의 상실을 전면에 내세우고, 식민 역사를 그들 자신의 역사로 대체하거나 보완할 필요성을 강조했다. 당가렘브가의《불안한 조건들Nervous Conditions》에서 니아샤Nyasha는 "그들의 역사. 비열한 거짓말쟁이들, 피로 얼룩진 그들의 거짓말들. 그것들이 우리를 함정에 빠뜨렸다"(1988 : 201)고 절규한다. 아마 아타 아이두는《우리 자매 킬조이Our Sister Killjoy》에서 이렇게 말한다.

공동의 유산.
우리의 금을

우리의 혀를

우리의 삶을 강탈했던

우리에게 남겨진 의심스러운 흥정

우리의 죽은 손가락이 영어를 움켜쥐고 있는 동안

의심스러운 무기가

이미 달아나 버린 영혼에

힘을 부여하려고 다른 곳에서

만들어지고 있었다.(Aidoo 1977 : 28-9)

언어, 역사, 서사의 형식 모두 피식민지인들의 권리를 박탈하고, 그들을 그들의 근원으로부터 소외시키고 있다. 이처럼 탈식민화의 과정은 1) 식민 역사의 '함정들'을 인식하는 것 2) 원주민 역사를 다시 쓰고 다시 주장하는 방법을 발견하는 것을 포함한다. 월콧의 《팬터마임Pantomime》에서 식민지 주인–노예 관계의 제유synecdoche인 상상적–역사적인 크루소Crusoe–프라이데이Friday 관계는 흑인 잭슨이 크루소의 역할을 취할 때 전복된다.

300년 동안 나는 당신을 섬겼지요. …… 나는 당신의 그림자였습니다. …… 그것은 나의 팬터마임이었습니다. …… 그러나 한동안 그 아이는 그가 만든 그림자에 겁이 났습니다. 그는 자신에게 말했지요. 너무 복종을 했기에 그만두는 것이 좋을 것 같다고요. 그러나 그림자는 멈추지 않았지요. …… 바로 그림자가 아이를 지배하기 시작할 때까지, 바로 하인이 주인을 지배하기 시작할 때까지 말입

니다. ...... (Walcott 1980 : 112-13)

이 글에서 월콧은 '그림자'가 지배를 획득하기 시작하고, (흑인) 하인이 (백인) 주인을 지배하기 시작하는 탈식민화 과정을 가리키고 있다. 피식민 원주민을 아이 취급하는 것이 **식민** 지배의 표준 방식인데, 월콧의 흑인 하인은 의도적으로 **백인** 주인을 아이처럼 취급하면서 역사와 인종화된 문화 관계들을 전복시킨다. 한편 카리브 해 시인이자 역사가인 카마우 브라스웨이트 Kamau Brathwaite는 서사시 《도착자들The Arrivants》(1973)에서 중간 항로와 노예 항해의 역사를 추적하며, 카리브 해 흑인들과 그들의 아프리카 기원을 결합시키려 한다.

이러한 문학적 예들은 파농이 주장한, 이전 피식민지인을 위한 새로운 미래를 열려면 과거의 유산에서 벗어나야 한다는 주장의 훌륭한 예가 된다. 앞에서 살펴본 대로, 파농은 자아 성찰적이고 각성된 **의식**을 주장했다. 이 포스트식민 텍스트들에 구체화된 것이 바로 이러한 의식이다.

파농과 포스트식민적 휴머니즘

파농이 남긴 가장 위대한 유산은 식민 국가에 대한 비판뿐 아니라, 포스트식민 국가에서 유럽의 식민적-자본주의적 근대성으로 오염되지 않은 휴머니즘을 회복시키려 한 그의 시도에 있

다. 포스트식민 작가들(특히 인도의 라자 라오Raja Rao와 물크 라지
아난드Mulk Raj Anand, 케냐의 응구기)은 식민 과거와 맞서면서 동시
에 **미래**지향적인 더 해방적이고 민주적이며 휴머니즘적인 프로
그램을 모색한다. 라오와 응구기(여기에 루시디, 에메체타, 소잉카,
월콧 등 다른 작가들을 추가할 수 있다.)는 파농이 그랬듯 과거에 빠
져 허우적거리는 것을 경계한다.

이 과정에서 파농은 인종과 민족의 경계를 넘어 나아가기를
촉구하는 포스트식민 이론이라는 위대한 유산을 남겼다. 이 유
산은 많은 사상가들의 관심을 불러일으켰다. 파농이 강조한 인
종, 종족, 민족 경계를 초월한 보편적이고 포괄적인 휴머니즘(우
리가 마지막 장에서 검토했던 휴머니즘)은 이후 폴 길로이Paul Gilroy
와 디페쉬 차크라바르티Dipesh Chakrabarty 같은 포스트식민 이론
가들의 후속 논의로 이어졌다.

파농의 흥미로운 전유와 확장은 '유럽을 지방화하기'라는 차
크라바르티의 프로젝트(2001)에서 볼 수 있다. 이 글에서 차크
라바르티는 다른 포스트식민 이론가들과 자신이 파농에게서
어떤 유산을 물려받았는지를 보여 준다.

포스트식민 학문은 대부분 18세기 유럽이 구축한 그리고 인간과학
의 기저를 이루고 있는 보편성, 즉 인간적인 것에 대한 혹은 이성이
라는 추상적 형태 같은 것과 연관되어 있다. …… 계몽주의적인 인
간적인 개념에 몰두하는 파농의 투쟁은, 심지어 유럽 제국주의가
이 개념을 정착민-식민지 백인의 형태로만 축소시킨 것이 드러난

다음에도, 그 자체로 모든 포스트식민 사상가들에게 흐르는 세계적 유산의 일부가 된다. 이 투쟁은 정치적 근대성의 조건에서 이러한 보편성을 제공하는 용이한 방법이 없다는 이유 때문에 발생한 결과이기도 하다. 보편적 실재가 없다면 근대적인 사회정의의 문제를 언급하는 사회과학도 없을 것이다.(Chakrabarty 2001 : 5)

그래서 차크라바르티는 필수적이고 필연적으로 여겨지는 유럽 계몽주의 개념(이상)에 대한 파농의 '투쟁'을 수용한다. 그러나 파농의 경우에서처럼, 차크라바르티의 저서에서는 이 투쟁이 대안에 대한 모색을 가로막지 않는다.

세속적 휴머니즘에 대한 차크라바르티의 비판은 바로 정치적인 것이라는 개념에 대한 대안적인 형상을 제시하는 것이다. 이전 모델에는 신 혹은 미신, 종교적 신념 혹은 정신을 위한 공간이 없었고, 그래서 비이성적이고 '시적'이라는 이유로 다양한 형태의 비유럽적 사상을 '비정치적인 것'으로 정의했다. 그러나 '시적'인 새로운 형태의 전 지구적 문화는 식민 시기 동안에도 분명히 나타났다. 차크라바르티가 기술하듯이, '정치적인 것의 영역'에 "신들, 정신들, 다른 초자연적인 존재들"(2001 : 12-13)이 전혀 없는 것이 아니다. 따라서 한편으로 우리는 세속적 휴머니즘의 특수한 형태들의 지속성을 이해하면서, 다른 한편으로 이러한 범주, 즉 인간적인 것, 세속적인 것과 정치적인 것에 대한 좀 더 포괄적인 정의를 이해할 필요가 있다.

이후 길로이는 인간성 내에 (인종) 범주를 제외한 '인간-성

human-ness'의 본질이 필요하다고 주장한다. 길로이가 명명한 이 '전략적 보편주의strategic universalism'는 인간 존엄성의 보편주의를 지향하며 인간성 내에서 인종·계급·성의 범주를 제거하고자 한다. 이 저서에서 길로이는 개인의 구체성(인종, 젠더, 계급과 같은 표지들을 포함하는)뿐 아니라 '인간적인 것'의 추상적 개념을 모색하는 듯 보인다. 이전 장에서 살펴본 것처럼, 파농은 반식민 투쟁 이후 전개될 포스트식민적인 것은 더 자아 성찰적이고 감성적인sensitive 것이 되어야 한다는 입장을 취했다. 이 고양된 감수성이야말로 구체적인 것과 추상적인 것 양자에 대응하는 능력이다.

파농처럼 길로이는 (그가 자기 책의 장 제목으로 사용한) '지구적 휴머니즘planetary humanism'에서 "자의식적으로 더 미래지향적이 되고자"(2000 : 335) 과거의 트라우마를 넘어서서 나아가기를 권고한다. 비록 길로이는 앞서 말한 형태의 보편주의를 이야기하지 않지만, 그는 파농이 이론화하려고 노력했던 것과 비슷한, 그리고 앞서 아쉬스 난디가 말하고자 했던 것과 비슷한 주장을 하는 듯 보인다. 실제로 길로이는 파농이 식민지 백인의 우월성과 "흑인 민족주의의 어두운 측면"(336)에 감춰진 끔찍한 본질을 인식했다는 점을 제시하며《검은 피부, 하얀 가면》의 결론 부분을 인용하고 있다. 길로이는 파농의 전망처럼 자신의 전망도 "유토피아적인 정신"(336)으로 제시되고 있다는 것을 인정한다.

자아 성찰적이고 감성적이며 더 포괄적인 휴머니즘을 발전시키는 데에 존재하는 포스트식민적인 책임, 이전 피식민지인들의 책임과 관련하여, 길로이의 주장은 다시 음미할 만하다. 길로이는 파농의 휴머니즘이 식민 조건이 낳은 폭력에 깊이 개입한 결과라고 분명하게 주장한다. 파농의 저서를 읽은 아우슈비츠의 생존자인 장 아메리Jean Améry와 파농을 비교하면서, 길로이는 이렇게 쓰고 있다.

> 이 사상가들이 발견하고 옹호했던 휴머니즘은 …… 이런저런 사람들이 행한 잔혹함이 세계에서 대안적인 존재 방식을 모색해야 하는 긴박한 책임을 드러나게 한 불경스러운 행위들에서 나왔다.(2010 : 25)

길로이가 주장하듯, 피식민지인들을 휴머니스트로 만든 것은 바로 식민주의 경험과 폭력이다. 길로이는 이 휴머니즘이 "인종주의가 인간성을 타락시킨 것"(2010 : 26)을 분명하게 표현하고 인식하는 것에서 시작한다고 말한다. 즉, 우리가 인종주의, 특히 식민주의 하의 인종주의와 나치즘 그리고 아파르트헤이트에서 인종주의가 '인간적인 것'을 타락시켰다는 것을 인식할 때, 우리는 새로운 휴머니즘을 진전시킬 수 있다.

파농의 모든 것

Frantz Fanon

프란츠 파농의 저작

Peau noire, masques blancs, 1952, rééd., Le Seuil, col. « Points », **2001.** (《검은 피부, 하얀 가면》)

L'An V de la Révolution Algérienne, 1959, rééd., La Découverte, **2011.** (*A Dying Colonialism*, 1970[1965], **trans. Haakon Chevalier.** (《알제리 혁명 5년》, 《몰락하는 식민주의植民主義》))

Les Damnés de la Terre, 1961, rééd., La Découverte, 2002. (《대지의 저주받은 사람들》)

Pour la RévolutionAfricaine, 1964, Écrits politiques, 1964, rééd., La Découverte, 2006.

프란츠 파농에 대한 저작

Gibson, Nigel (ed.) (1999) *Rethinking Fanon : The Continuing Dialogue*, New York : Humanity Press.

파농을 주로 문화 비평과 젠더 및 휴머니즘 사상 등의 영역에 위치시킨 의미 있는 책. 파농의 정신의학 이론에 관한 토니 마틴Tony Martin의 분석 등 초기 비평가들의 글과 1세대 포스트식민 학자들(사이드, 바바, 스피박, 패리)의 글을 포함하고 있다. 특히, 앤 맥클린톡과 다이애나 푸스Diana Fuss, 샤플리 화이팅Sharpley-Whiting 등의 비평이 포함된 제3부 '파농과 젠더' 때문에 더 중요한 책이다.

Gibson, Nigel (2003) *Fanon : The Postcolonial Imagination,* **London : Polity.**

파농을 분석한 가장 열정적인 책들 중 하나로, 파농 사상의 민족주의 문제를 검토하는 데 유용하다. 루이스 고든의 책과 함께 파농의 모든 저작을 세심하게 검토하고 있다. 파농의 민족주의, 폭력, 휴머니즘에 대한 분석이 이 책의 강점이다. 생고르, 사르트르과 유럽 정신분석학의 맥락 안에서 파농을 이해하는 데 도움을 준다. 훌륭한 입문서이지만, 다소 촘촘하지 못한 서술이 아쉬운 책이다.

Gordon, L. R. (1995) *Fanon and the Crisis of the European Man : An Essay on Philosophy and the Human Sciences,* **New York : Routledge.** (**《유럽을 떠나라 : 파농과 유럽인의 위기》**)

고든은 파농을 주로 전통적인 유럽 휴머니즘과 관련하여 분석한다. 파농이 유럽의 실존적 현상학의 영향을 받아 휴머니즘 사상을 발전시켰다며, 이른바 파농의 '철학적 인간학philosophical anthropology'을 제시한다. 비록 입문서는 아니지만, 파농 이해에 없어서는 안 될 해석을 제공한다.

Alessandrini, A. C. (ed.) (1999) *Frantz Fanon : Critical Perspectives,* **London and New York : Routledge.**

문화 연구 같은 분야에서 파농의 전유와 타당성을 제시하는 다양한 글이 수록된 논문집. 파농이 남긴 유산을 확실하게 뒤쫓으며 검토하고 있다. 파농의 유령성spectrality(카와쉬), 재현의 문제(라자러스 Lazarus), 영화 트라우마(카플란Kaplan), 동성애(골디Goldie), 그리고 파농적인 문화 연구(산 후안San Juan, 깁슨) 등이 실려 있다. 하나의 분야에 집중하는 책이 아니라 광범위한 분야를 다루는 책.

Macey, David (2000) _Franz Fanon : A Biography_, New York : Picador.

파농의 삶에 대한 권위 있는 설명을 담고 있는 세심한 연구서. 그간 방치되어 온 파농의 정신의학 글들과 의사로서의 삶에 대한 자세한 연대기를 제공한다. 메이시는 지금까지 번역되지 않은 프랑스 자료들을 폭넓게 사용하고 있다.

Sharpley-Whiting, T. D. (1998) _Franz Fanon : Conflicts and Feminism_, Lanham : Rowman and Littlefield. ((프란츠 파농 : 혁명가와 페미니즘))

파농의 젠더정치학을 다룬 가장 인정받는 연구들 중 하나. 이 책은 파농을 친페미니즘 사상가로 간주한다. 샤플리 화이팅은 파농이 성차별주의자라는 비난을 능숙하게 반박하고, 파농의 알제리 여성 혁명가 분석이 어떻게 포스트식민 맥락에서 여성 역할에 잠재적인 새로운 활력을 제공하는지를 보여 준다.

| 프란츠 파농에 대한 글

Alvares, C. (2008) *Humanism and Colonialism*, Oxford : Peter Lang.

Bergner, G. (1999) 'Politics and Pathologies : On the Subjects of Race in Psychoanalysis', in A. C. Alessandrini (ed.) *Frantz Fanon : Critical Perspectives*, London and New York : Routledge.

Bernasconi, R. (2001) 'Eliminating the Cycle of Violence : The Place of *A Dying Colonialism* within Fanon's Revolutionary Thought', *Philosophia Africana*, 4 (2) : 17-25.

Dane, R. (1994) 'When Mirror Turns Lamp : Frantz Fanon as Cultural Visionary', *Africa Today*, 41 (2) : 70-91.

Decker, J. L. (1990-91) 'Terrorism (un)Veiled : Frantz Fanon and the Woman of Algiers', *Cultural Critique*, 17 : 177-95.

Fontenot Jr., C. J. (1978) 'Fanon and the Devourers', *Journal of Black Studies*, 9 (1) : 93-114.

Gibson, N. (1999a) 'Beyond Manicheanism : Dialectics in the Thought of Frantz Fanon', *Journal of Political Ideologies*, 4 (3) : 337-64.

_____ (1999b) 'Fanon and the Pitfalls of Cultural Studies', in A. C. Alessandrini (ed.) *Frantz Fanon : Critical Perspectives*, London and New York : Routledge.

_____ (2008) 'Upright and Free : Fanon in South Africa, from Biko to the Shackdwellers' Movement (Abahlali base Mjondolo)', *Social Identities*, 14 (6) : 683-715.

Gopal, P. (2002) 'Frantz Fanon, Feminism and the Question of Relativism', *New Formations*, 47 : 38-43.

_____ (2004) 'Reading Subaltern History', in N. Lazarus (ed.) *The Cambridge Companion to Postcolonial Literary Studies*, Cambridge : Cambridge University Press.

Hansen, E. (1977) *Frantz Fanon : Social and Political Thought*, Columbus : Ohio State University Press.

Hardt, M. and Negri, A. (2000) *Empire*, Cambridge, MA : Harvard University Press.

Ismail, Q. (1992) '"Boys will be Boys" : Gender and National Agency in Fanon and LTTE', *Economic and Political Weekly*, 27 (31-32) : 1677-79.

Jeyifo, B. (2007) 'An African Cultural Modernity : Achebe, Fanon, Cabral, and the Philosophy of Decolonization', *Socialism and Democracy*, 21 (3) : 125-41.

Jinadu, L. A. (1978) 'Some African Theorists of Culture and Modernization : Fanon, Cabral and Some Others', *African Studies Review*, 21 (1) : 121-38.

Macey, D. (2010) '"I Am My Own Foundation" : Frantz Fanon as a Continued Source of Political Embarrassment', *Theory,*

Culture & Society, 27 (7-8) : 33-51.

Mazrui, A. (1993) 'Language and the Quest for Liberation in Africa : The Legacy of Frantz Fanon', *Third World Quarterly*, 14 (2) : 351-63.

Perkins, M. (2005) 'The Role of Colour and "Ethnic" Autobiography : Fanon, Capécia and Difference', *Auto/Biography*, 13 : 1-15.

San Juan, Jr., E. (1999) 'Fanon : An Intervention into Cultural Studies', in A. C. Alessandrini (ed.) *Frantz Fanon : Critical Perspectives*, London and New York : Routledge.

Turner, L. (2001) 'Marginal Note on Minority, and Fanon's Theory of Frantz Fanon', *Philosophia Africana*, 4 (2) : 37-46.

_____ (2002) '(e)Racing the Ego : Sartre, Modernity, and Fanon's Theory of Consciousness', *Parallax*, 8 (2) : 46-53.

Vergès, F. (1997) 'Creole Skin, White Mask : Fanon and Disavowal', *Critical Inquiry*, 23 : 578-95.

| 참고문헌

Achebe, C. ((1964) 1977) *Arrow of God*, London : Heinemann.

_____ (1988) *Anthills of the Savannah*, London : Heinemann.

Adam, H. M. (1993) 'Frantz Fanon as a Democratic Theorist', *African Affairs*, 92 (369) : 499-518.

Ahluwalia, P. (2003) 'Fanon's Nausea : the Hegemony of the White Nation', *Social Identities*, 9 (3) : 341-56.

Ahluwaia, P. and Zegeye, A. (2001) 'Franz Fanon and Steve Biko : Towards Liberation', *Social Identities*, 7 (3) : 455-69.

Aidoo, A. A. (1970) *Anowa*, in H. Gilbert (ed.) (2001) Postcolonial Plays, London and New York : Routledge.

_____ (1977) *Our Sister Killjoy*, Harlow : Longman.

Alessandrini, A. C. ((1998) 2005) 'Humanism in Question : Fanon and Said', in H. Schwarz and S. Ray (eds) *A Companion to Postcolonial Studies*, Cambride, MA : Blackwell.

_____ (2010) 'Small Places, Then and Now : Frantz Fanon, Jamaica Kincaid, and the Futures of Postcolonial Criticism', *Journal of Postcolonial Writing*, 46 (5) : 553-64.

Alexander, J. C. (2004) 'Towards a Theory of Cultural Trauma', in J. C. Alexander, R.N. Eyerman, B. Giesen, N.J. Smelser and P. Sztompka (eds) *Cultural Trauma and Collective Identity*, Berkeley : University of California Press.

Appiah, K. A. ((1991) 1997) 'Is the Post-in Postmodernism the Post in Postcolonial?' in P. Mongia (ed.) *Contemporary Postcolonial Theory : A Reader*, New Delhi : Oxford University Press.

Arendt, H. (1970) *On Violence*, New York : Harcourt, Brace, World, Inc.

Armah, A. K. (1988) *The Beautyful Ones are Not Yet Born*, Portsmouth : Heinemann.

Armstrong, J. ([1993] 1996) 'This is a Story', in J. Thieme (ed.) *The Arnold Anthology of Post-colonial Literatures in English*, London : Arnold.

Azar, M. (1999) 'In the Name of Algeria : Frantz Fanon and the Algerian Revolution', in A. C. Alessandrini (ed.) *Frantz Fanon : Critical Perspectives*, London and New York : Routledge.

Bamyeh, M. A. (2010) 'On Humanizing Abstractions : The Path Beynd Fanon', *Theory, Culture & Society*, 27 (7-8) : 52-65.

Baucom, I. (2001) 'Frantz Fanon's Radio : Solidarity, Diaspora, and the Tactics of Listening', *Contemporary Literature*, 42 (1) : 15-49.

Bergner, G. (1995) 'Who Is That Masked Woman? Or, the Role of Gender in Fanon's *Black Skin, White Mask*', *PMLA*, 110 (1) : 75-88.

Bernasconi, R. (1996) 'Casting the Slough : Fanon's New Humanism for a New Humanity', in L. R. Gordon, T. D. Sharpley-Whiting and R. T. White (eds) *Fanon : A Critical Reader*, London : Blackwell.

_____ (2002) 'The Assumption of Negritude : Aimé Césaire, Frantz Fanon, and the Vicious Circle of Racial Politics', *Parallax*, 8 (2) : 69-83.

Bhabha, H. K. (2004) 'Framing Fanon'. Foreword in Fanon, *The Wretched of the Earth* (trans. Richard Philcox), New York : Grove.

_____ (2008) 'Remembering Fanon : Self, Psyche and the Colonial Condition', Foreword to the 1986 ed. of Fanon, *Black Skin, White Masks* (trans. Charles Lam Markmann), London : Pluto.

_____ (2009a) 'Interrogating Identity : Franz Fanon and the Postcolonial Prerogative', in H. K. Bhabha (1994) *The Location of Culture*, New Delhi : Routledge.

_____ (2009b) 'Of Mimicry and Man : The Ambivalence of Colonial Discourse', in H. K. Bhabha (1994) *The Location of Culture*, New Delhi :

Routledge.

Boehmer, E. ([1995] 2006) *Colonial and Postcolonial Literature : Migrant Metaphors*, New Delhi : Oxford University Press.

Brathwaite, K. ([1973] 1981) *The Arrivants : A New World Trilogy*, London : Oxford University Press.

Brownmiller, S. (1975) *Against Our Will : Men, Women, and Rape*, New York : Bantam.

Buck, C. 92004) 'Sartre, Fanon, and the Case for Slavery Reparations', *Sartre Studies International*, 10 (2) : 123-37.

Bulhan, H. A. (1985) *Frantz Fanon and the Psycology of Oppression*. New York : Plenum Press.

Bulhan, H. A. (2005) 'The Critical Impact of Frantz Fanon and Henry Collomb : Race, Gender, and Personality Testing of North and West Africans', *Journal of the History of the Behavioral Sciences*, 41 (3) : 225-48.

Butts, H. F. (1979) 'Frantz Fanon's Contributions to Psychiatry : The Psychology of Racism and Colonialism', *Journal of the National Medical Association*, 71 (10) : 1015-18.

Caute, D. ([1969] 1970) *Fanon*, New York : Viking.

Césaire, A. (1972) *Discourse on Colonialism* (trans. Joan Pinkham), New York and London : Monthly Review Press.

Chakrabarty, D. (2001) *Provincializing Europe : Postcolonial Thought and Historical Difference*, Oxford University Press.

Chow, R. (1999) 'The Politics of Admittance : Female Sexual Agency, Miscegenation, and the Formation of Community in Frantz Fanon', in A. C. Alessandrini (ed.) *Frantz Fanon : Critical Perspectives*, London and New York : Routledge.

Christian, L. (2005) 'Fanon and the Trauman of the Cultural Message', *Textual Practice*, 19 (3) : 219-41.

Cornell, D. (2001) 'The Secret Behind the Veil : A Reinterpretation of "Algeria Unveiled"', *Philosophia Africana*, 4 (2) : 27-35.

Crane, R. J. (2001) 'Out of the Center : Thoughts on the Post-colonial Literatures of Australia and New Zealand', in Gregory Castle (ed.) *Postcolonial Discourses : An Anthology*, Oxford : Blackwell.

Dangarembga, T. (1988) *Nervous Conditions*, London : The Women's Press.

Djebar, A. (1999) *Women of Algiers in their Apartment* (trans. M. de Jager), Charlottesville and London : University Press of Virginia.

Doane, M. A. (1991) *Femmes Fatales : Feminism, Film Theory, Psychoanalysis*, New York : Routledge.

Dollimore, J. (1991) *Sexual Dissidence : Augustine to Wilde, Freud to Foucault*, Oxford : Oxford University Press.

Dubey, M. (1998) 'The "True Lie" of the Nation : Fanon and Feminism', *Differences*, 10 (2) : 1-29.

Dubois, W. E. B. (1961) *The Souls of Black Folk : Essays and Sketches*, Forgotten Books. Available at http://www.forgottenbooks.org/info/The_Souls_of_Black_Folk1000095666.php

Eaglestone, R. ([2004] 2009) *The Holocaust and the Postmodern*, Oxford : Oxford University Press.

El Saadawi, N. (1980) *The Hidden Face of Eve : Women in the Arab World* (trans. and ed., S. Hetata), London : Zed Books.

Farah, N. (1999) *Maps*, New York : Arcade.

Faulkner, R. A. (1996) 'Assia Djebar, Frantz Fanon, Women, Veils, and Land', *World Literature Today*, 96 (70) : 847-55.

Feuchtwang, S. (1987) 'Fanonian Spaces', *New Formation*, 1 : 124-30.

Forsdick, C. and Murphy, D. (2009) 'The Rise of the Francophoe Postcolonial Intellectual : The Emergence of a Tradition', *Modern and Contemporary France*, 17 (2) : 163-75.

Fuss, D. (1994) 'Interior Colonies : Frantz Fanon and the Politics of Identification', *Diacritics*, 24 (2-3) : 20-42.

Gandhi, L. (1999) *Postcolonial Theory : A Critical Introduction*, New Delhi : Oxford University Press.

_____ (2006) *Affective Communities : Anticolonial Thought and the Politics of Friendship*, New Delhi : Permanent Black.

Gates Jr., H. L. (1991) 'Critical Fanonism', *Critical Inquiry*, 17 (3) : 457-70.

Gauch, S. (2002) 'Fanon on the Surface', *Parallax*, 8 (2) : 116-28.

Geismer, D. (1971) *Fanon*, New York : Dial.

Gendzier, I. ([1973] 1985) *Frantz Fanon : A Critical Study*, New York : Grove Press.

Gibson, N. (2003) *Fanon : The Postcolonial Imagination*, London : Polity.

Gilroy, P. (2000) *Against Race : Imagining Political Culture Beyond the Color Line*, Massachusetts : Harvard University Press.

_____ (2010) 'Fanon and Améry : Theory, Torture and the Prospect of Humanism', *Theory, Culture & Society*, 27 (7-8) : 16-32.

Coldie, T. (1999) 'Saint Fanon and Homosexual Territory', in A. C. Alessandrini (ed.) *Frantz Fanon : Critical Perspectives*, London and New York : Routledge.

Gordon, L. R. (1995) *Fanon and the Crisis of the European Man : An Essay on Philosophy and the Human Sciences*, New York : Routledge.

_____ (2006) 'Through the Zone of Nonbeing : A Reading of Black Skin, White Masks in Celebration of Fanon's Eightieth Birthday', *Worlds and Knowledges Otherwise*, available online at http://www.jhfc.duke.edu/wko/dossiers/1.3/LGordon.pdf (accessed 9 December 2010).

Haddour, A. (2005) 'Sartre and Fanon : On Negritude and Political Participation', *Satre Studies Internation*, 11 (1-2) : 286-301.

_____ (2010) 'Through Unveiled : Reading Fanon and Bourdieu in the

Context of May 1958', *Theory, Culture & Society*, 27 97-8) : 66-90.

Hage, G. (2010) 'The Affective Politics of Racial Mis-interpellation', *Theory, Culture & Society*, 27 (7-8) : 112-29.

Hall, S. (1996) 'Why Fanon, Why Now, Why Black Skin, White Masks', in A. Read (edz) *The Fact of Blackness : Frantz Fanon and Visual Representation*, Seattle : Bay Press.

Hanley, D. (1976) 'Frantz Fanon : Revolutionary Nationalist', *Political Studies*, 24 (2) : 120-31.

Hatem, M. (1993) 'Toward the Development of Post-Islamist and Post-Nationalist Feminist Discourses in the Middle East', in J. Tucker (ed.) *Arab Women : Old Boundaries, New Frontiers*, Bloomington : Indiana University Press.

Helie-Lucas, M. (1990) 'Women, Nationalism, and Religion in Algerian National Liberation Struggle', in M. Badran and M. Cooke (eds) *Opening the Gates : A Century of Arab Feminist Writing*, Bloomington : Indiana University Press.

Hook, D. (2005) 'A Critical Psychology of the Postcolonial', *Theory and Psychology*, 16 (4) : 375-403.

hooks, b. (1996) 'Feminism as a Persistent Critique : What's Love Got to do With It?', in Alan Read (ed.) *The Fact of Blakness : Frantz Fanon and Visual Representation*, Seattle : Bay Press.

Hosain, A. ([1961] 1988) *Sunlight on a Broken Column*, New York : Penguin-Virago.

Ignatieff, M. (2001) *Human Rights as Politics and Idolatry*, (ed.) Amy Guttman, Princeton : Princeton University Press.

James, J. (1997) *Transcending the Talented Tenth : Black Leaders and American Intellectuals*, New York : Routledge.

JanMohamed, A. (1985) 'The Economy of Manichean Allegory : The Function of Racial Difference in Colonialist Literature', *Critical Inquiry*, 12 (1) : 59-87.

Jean-Marie, V. (2007) *Fanon : Collective Ethics and Humanism*, New York : Peter Lang.

Kawash, S. (1999) 'Terrorists and Vampires : Fanon's Spectral Violence of Decolonization', in A. C. Alessandrini (ed.) *Frantz Fanon : Critical Perspectives*, London and New York : Routledge.

Keller, R. C. (2007) 'Clinician and Revolutionary : Frantz Fanon, Biography, and the History of Colonial Medicine', *Bulletin of the History of Medicine*, 81 (4) (2007) : 823-841.

Keneally, T. (1973) *The Chant of Jimmie Blacksmith*, Victoria : Penguin.

Kincaid, J. (1988) *A Small Place*, New York : Farrar, Straus and Giroux.

Krautwurst, U. (2003) 'What is Settler Colonialism? An Anthropological Meditation on Frantz Fanon's "Concerning Violence"', *History and Anthropology*, 14 (1) : 55-72.

Lazarus, N. (1993) 'Disavowing Decolonization : Fanon, Nationalism, and the Problematic of Representation in Current Theories of Colonial Discourse', *Research in African Literatures*, 24 (4) : 69-98.

_____ (1994) 'National Consciousness and the Specificity of (Post)colonial Intellectualism', in F. Barker, P. Hulme and M. Iversen (eds) *Colonial Discourse/Postcolonial Theory*, Manchester : Manchester University Press.

Lebeau, V. (1998) 'Psychopolitics : Fanon's Black Skin, White Masks', in J. Campbell and L. Harbord (eds) *Psycho-politics and Cultural Desires*, London : UCL Press.

Macey, D. (1999) 'The Recall of the Real : Frantz Fanon and Psychoanaysis', *Constellations*, 6 (1) : 97-107.

_____ (2000) *Frantz Fanon : A Biography*, New York : Picador.

_____ (2004) 'Frantz Fanon, or the Difficulty of Being Martinican', *History*

Workshop Journal, 58 : 212-23.

Mama, A. (1995) *Beyon the Masks : Race, Gender, Subjectivity*, New York : Routledge.

Mannoni, O. (1950 [1964]) *Prospero and Caliban : The Psychology of Colonization* (trans. Pamela Powesland), London : Methuen.

Mardorossain, C. (2009) 'From Fanon to Glissant : A Martinican Genealogy', *Small Axe*, 30 : 12-24.

Martin, T. (1970) 'Rescuing Fanon from Critics', *African Studies Review*, 13 (3) : 381-99.

Martinez, J. M. (2003) 'On the Possibility of the Latino Postcolonial Intellectual', *Nepantla*, 4 (2) : 253-6.

McClintock, A. (1995) *Imperial Leather : Race, Gender and Sexuality in the Colonial Context*, London and New York : Routledge.

_____ (1999) 'Fanon and Gender Agency', in N. Gibson (ed.) *Rethinking Fanon*, London and New York : Routledge.

McCulloch, J. (1983) *Black Soul, White Artifact : Fanon's Clinical Psychology and Social Theory*, Cambridge : Cambridge University Press.

Memmi, A. (1973) 'The Impossible Life of Frantz Fanon', *The Massachusetts Review*, 14 (1) : 9-39.

Mercer, K. (1999) 'Busy in the Ruins of a Wretched Phantasia', in A. C. Alessandrini (ed.) *Frantz Fanon : Critical Perspectives*, London and New York : Routledge.

Mernissi, F. (1987) *Beyond the Veil : Male-Female Dynamics in Modern Muslim Society*, Bloomington : Indiana University Press.

Mignolo, W. E. (2005) 'Human Understanding and (Latin) American Interests – The Politics and Sensibilities of Geohistorical Location', in H. Schwarz and S. Ray (eds) *A Companion to Postcolonial Studies*, Cambridge, MA : Blackwell.

Mistry, R. ([1995] 1996) *A Fine Balance*, London : Faber and Faber.

Moore, T. O. (2005) 'A Fanonian Perspective on Double Consciousness', *Journal of Black Studies*, 35 (6) : 751-62.

Moraga, C. (2001) *The Hungry Woman* [including *The Hungry Woman : A Mexican Medea and Heart of the Earth : A Popul Vuh Story*], Albuquerque : West End Press.

Mowitt, J. (1992) 'Algerian Nation : Fanon's Fetich', *Cultural Critique*, 22 : 165-86.

Mudimbe, V. Y. (1988) *The Invention of Africa : Gnosis, Philosophy, and the Order of Knowledge*, Bloominton and Indianapolis : Indiana University Press.

Naipaul, V. S. ([1962] 1969) *The Middle Passage*, Harmondsworth : Penquin.

———— (1987) *The Enigma of Arrival*, London : Viking.

Nandy, A. (1987) 'Towards a Third World Utopia', in A. Nandy (2004) *Bonfire of Creeds : The Essential Ashis Nandy*, Delhi : Oxford University Press.

———— (1992) *Traditions, Tyranny, and Utopias : Essays in the Politics of Awareness*, Delhi : Oxford University Press.

———— (1998) 'A New Cosmopolitanism : Toward a Dialogue of Asian Civilizations', in Kuan-Hsing Chen (ed.), *Trajectories : Inter-Asia Cultural Studies*, London and New York : Routledge, pp. 142-9.

Nayar, P. K. (2008a) *Postcolonial Literature : An Introduction*, New Delhi : Pearson-Longman.

———— (2008b) 'Affective Cosmopolitanism : Ashis Nandy's Utopia', available online at http://www.esocialsciences.com/articles/displayArticles. asp?Article_ID=1732

———— (2010) *Postcolonialism : A Guide for the Perplexed*, London and New York : Continuum.

Ngwarsungu, C. (1990) 'The Rhythms of Literary Ideas : Characterization in African Literature', *Journal of Black Studies*, 20 (4) : 467-86.

Omar, S. M. (2009) 'Fanon in Algeria : A Case of Horizontal (Post)-colonial Encounter?', *Journal of Transatlantic Studies*, 7 (3) : 264-78.

Parry, B. (1987) 'Problems in Current Theories of Colonial Discourse', *Oxford Literary Review*, 9 (1-2) : 27-58.

_____ (1994) 'Resistance Theory/Theorizing Resistance or Two Cheers for Nativism', in F. Barker, P. Hulme and M. Iversen (eds) *Colonial Discourse/ Postcolonial Theory*, Manchester : Manchester University Press.

Paxton, N. L. (1999) *Writing Under the Raj : Gender, Race, and Rape in the British Colonial Imagination, 1830-1947*, Brunswick : Ruters University Press.

Pithouse, R. (2003) '"That the Tool Never Possess the Man" : Taking Fanon's Humanism Seriously', *Politikon*, 30 (2) : 107-31.

Posnock, R. (1997) 'How It Feels to Be a Problem : Du Bois, Fanon, and the "Impossible Life" of the Black Intellectual', *Critical Inquiry*, 23 (2) : 323-49.

Prabhu, A. (2006) 'Narration in Frantz Fanon's *Peau noire masques blancs* : Some Reconsideration', *Research in African Literatures*, 37 (4) : 189-210.

Rabaka, R. (2009) *Africana Critical Theory : Reconstructing the Black Radical Tradition, from W. E. B. Du Bois and C. L. R. James to Frantz Fanon and Amilcar Cabral*, New York : Lexington.

Rajan, R. S. (1997) 'The Third World Academic in Other Places : or, The Postcolonial Intellectual Revisited', *Critical Inquiry*, 23 : 596-616.

Rao, R. ([1938]1963) *Kanthapura*, New York : New Directions.

Read, A. (ed.) (1996) *Facts of Blackness : Frantz Fanon and Visual Representation*, Seattle : Bay Press.

Roberts, N. (2004) 'Fanon, Sartre, Violence, and Freedom', *Sartre Studies*

International, 10 (2) : 139-60.

Rushdie, S. (1981) *Midnight's Children*, London : Jonathan Cape.

Scott, J. C. (1985) *Weapons of the Weak : Everyday Forms of Peasant Resistance*, New Haven and London : Yale University Press.

Sekyi-Otu, A. (1996) *Fanon's Dialectic of Experience*, Cambridge, MA : Harvard University Press.

Serequeberhan, T. (1994) *The Hermeneutics of African Philosophy : Horizon and Discourse*, New York : Rotledge.

Seshadri-Crooks, K. (2002) '"I am a Master" : Terrorism, Masculinity, and Political Violence in Frantz Fanon', *Parallax*, 8 (2) : 84-98.

Sharpe, J. (1993) *Allegories of Empire : The Figure of Woman in the Colonial Text*, Minneapolis and London : University of Minnesta Press.

Sharpley-Whiting, T. D. (1998) *Frantz Fanon : Conflicts and Feminisms*, Lanham : Rowman and Littlefield.

Shome, R. (2006) 'Thinking Through the Diaspora : Call Centers, India, and a New Politics of Hybridity', *International Journal of Cultural Studies*, 9 (1) : 105-24.

Slaughter, J. R. (2007) *Human Rights, Inc. : The World Novel, Narrative Form and International Law*, New York : Fordham University Press.

Slisli, F. (2008) 'Islam : The Elephant in Fanon's *The Werched of the Earth*', *Critique : Critical Middle Eastern Studies*, 17 (1) : 97-108.

Soyinka, W. (1964) 'Telephone Conversation', in J. Reed and C. Wake, *A Book of African Verse*, London : Heinemann, pp. 80-2.

_____ (1975) *Death and the King's Horseman*, in W. Soyinka (1984) *Six Plays*, London : Methuen.

_____ (1996) *The Open Sore of a Continent : A Personal Narrative of the Nigerian Crisis*, New York : Oxford University Press.

Srivastava, N. (2010) 'Towards a Critique of Colonial Violence : Fanon,

Gandhi and the Restoration of Agency', *Journal of Postcolonial Writing*, 46 (3) : 303-19.

Taylor, C. (1994) 'The Politics of Recognition', in L. T. Goldberg (ed.) *Multiculturalism : A Critical Reader*, Cambridge : Blackwell.

Tucker, G. E. (1978) 'Machiavelli and Fanon : Ethics, Violence and Action', *Journal of Modern African Studies*, 16 (3) : 397-415.

Vaughan, M. (1993) 'Madness and Colonalism, Colonialism ad Madness : Re-Reading Fanon, Colonialism Discourse and the Psychopathology of Colnialism', *Paideuma*, 39 : 45-55.

Vergés, F. (1996) 'Chains of Madness, Chains of Colonialism : Fanon and Freedom', in A. Read (ed.) *The Fact of Blackness : Frantz Fanon and Visual Representation*, Seattle : Bay Press.

_____ (2010) '"There are No Blacks in France" : Fanonian Discourse, the "Dark Night of Slavery" and the French Civilizing Mission Recondiered', *Theory, Culture & Society*, 27 (7-8) : 91-111.

Vivaldi, J-M. (2007) *Fanon : Collective Ethics and Humanism*, New York : Peter Lang.

Walcott, D. (1970) *Dream on Monkey Mountain and Other Plays*, New York : Farrar, Straus and Giroux.

_____ (1980) *Remembrance & Pantomime*, New York : Farrar, Straus and Giroux,

Walder, D. (1998) *Post-colonial Literatures in English : History, Language, Theory*, Oxford : Blackwell.

Wallach Scott. J. (2007) *The Politics of the Veil*, Princeton, NJ : Princeton University Press.

Wallerstein, I. (1979) *The Capitalist World-Economy*, Cambridge : Cambridge University Press.

Wa Thiong'O, Ngũgĩ (1965) *The River Between*, London : Heinemann.

_____ (1967) *A Grain of Wheat*, London : Heinemann.

_____ (1972) *Homecoming : Essays*, London : Heinemann.

Wilder, G. (2004) 'Race, Reason, Impasse : Césaire, Fanon, and the Legacy of Emancipation', *Radical History Review*, 90 : 31-61.

Wilmot, P. (2009) 'The Role of Violence in the Works of Wright and Fanon', *The Black Scholar*, 39 (1-2) : 17-22.

Woddis, J. (1972) *New Theories of Revolution : A Commentary on the Views of Frantz Fanon, Régis Debray and Herbert Marcuse*, London : Lawrence and Wishart.

Yeğenoğlu, M. (1998) *Colonial Fantasies : Towards a Feminist Reading of Orientalism*, Cambridge : Cambridge University Press.

Young, R. (1990) *White Mythologies : Writing History and the West*, London : Routledge.

| 찾아보기

프란츠 파농 새로운 인간
2015년 8월 20일 초판 1쇄 발행

지은이 | 프라모드 K. 네이어
옮긴이 | 하상복
펴낸이 | 노경인·김주영

펴낸곳 | 도서출판 앨피
출판등록 | 2004년 11월 23일 제2011-000087호
주소 | 우)120-842 서울시 영등포구 영등포로 5길 19(37-1 동아프라임밸리) 1202-1호
전화 | 02-336-2776 팩스 | 0505-115-0525
전자우편 | lpbook12@naver.com
홈페이지 | www.lpbook.co.kr

ISBN 978-89-92151-88-7 04160

Frantz Fanon